Le blues dans le sang

Une histoire de la musique noire américaine
des champs de coton au ghetto new-yorkais

Univers Musical
Collection créée par Anne-Marie Green
et dirigée par Jérôme Martin et Arnaud Roi

La collection « Univers musical » offre un regard panoramique sur toutes les musiques. Ouvrages biographiques, méthodes, analyses et commentaires sont ici les témoins d'une musique sans cesse renouvelée, qu'elle soit classique, contemporaine, blues, jazz, rock, de variétés, électro ou underground. Ces textes ont tous pour volonté d'approcher au plus près le sens et les secrets d'un art résolument vivant.

Dernières parutions

Sous la direction de Alexandra ROCH, *Les musiques dans la Caraïbe et sa diaspora*, 2024.
Michaël ANDRIEU, *La musique en prison*, 2023.
Ryad DAHBI, *La musique maléfique en Occident*, 2023.
Jean-Tristan RICHARD, *Vocabulaire du jazz et du blues*, 2023.
Jean-Luc CARON, *Giya Kancheli (1935-2019). Les méditations musicales d'un sage*, 2023.
Frédéric DE LA GRANDVILLE, *Le Conservatoire de musique de Paris sous la Révolution et l'Empire. Tome 2 : Comment organiser le renouvellement musical ?*, 2022.
Frédéric DE LA GRANDVILLE, *Le Conservatoire de musique de Paris sous la Révolution et l'Empire. Tome 1 : A ère nouvelle, nouvelle école*, 2022.
Jean-Marie AUGUSTIN, *La violence dans les chansons du Chat Noir au rap*, 2022.
Gérard ZWANG, *L'art de Maurice Ravel. Avec 173 exemples musicaux*, 2022.
Léo SANLAVILLE, *Le conte dans la musique en France de 1890 à 1939*, 2021.
Jean-Pierre BOISTEL, *Électro, techno, house. Le son et le rythme en question*, 2021.
Dominique RENIERS, *Beethoven en 250 anecdotes*, 2021.
Jean FRANCHETEAU, *Don Cherry. Le nomade Multikulti*, 2020.
Jean-Tristan RICHARD, *Les standards du jazz*, 2020.
Dominique RENIERS, *Les fantômes de Beethoven. À partir du Testament d'Heiligenstadt*, 2020.
Pauline CASANOVA, *La place de la musique dans les arts à la cour du roi René*, 2019.

Anne Méténier

Le blues dans le sang

Une histoire de la musique noire américaine
des champs de coton au ghetto new-yorkais

Du même auteur chez l'éditeur

Le Black American English. Etude lexicologique et sémantique, 1998.

Liberté pour les Noirs ! La résistance des Africans-Américains à la ségrégation et à l'esclavage (1619-1865), 2013.

Ségrégation raciale aux Etats-Unis. Six Portrait de Stars, 2017.

© L'HARMATTAN, 2024
5-7, rue de l'École-Polytechnique, 75005 Paris
http://www.editions-harmattan.fr
ISBN : 978-2-336-44097-2
EAN : 9782336440972

Avertissements

Ce livre ne traite pas de la musique en tant qu'art, ni des techniques musicales mais il se veut être une étude de la musique noire américaine filtrée par les événements historiques et sociaux.

Les styles musicaux recensés ne sont pas exhaustifs ; les frontières entre les différents genres musicaux sont parfois difficiles à définir.

Les termes « Noir(s) » et « Blanc(s) » sont utilisés par commodité, afin d'éviter les répétitions telles que Africains-Américains, Afro-Américains, Noirs Américains ou Américains d'origine européenne, Américains blancs,… Le terme général « Américain(s) » serait préférable mais facteur d'ambiguïté et inapte à bien distinguer ces deux communautés dans un tel contexte.

Les traductions sont de l'auteur Anne Méténier.

Avant-propos.

Au commencement du 17ème siècle, des Africains sont enlevés sur la côte ouest de leur terre ainsi que dans différents pays du centre et du sud-est africain[1]. Ces hommes et ces femmes sont capturés par des Blancs ou bien vendus par d'autres Africains afin d'être emportés vers les colonies britanniques du Nouveau Monde dans le seul but de procurer une main d'œuvre bon marché, notamment pour les Américains propriétaires de plantations de coton, de canne à sucre, etc.[2] Après la traversée de l'Atlantique sur des bateaux négriers - ce douloureux passage qui les sépare définitivement de leur terre natale - les captifs sont brutalement confrontés à un autre monde…
En quoi est-ce un autre monde ? L'esclavage n'est pourtant pas une notion nouvelle pour les Africains. Il sévit déjà à cette époque en Afrique, pratiqué entre Africains, surtout en Afrique de l'Ouest et dans les plantations du Dahomey notamment[3]. Cependant, il y a une différence entre être esclave sur sa terre et être un esclave déraciné de l'autre côté de l'Atlantique où tout est radicalement différent. Au traumatisme de la privation de liberté s'ajoute alors celui du violent arrachement à la terre natale. Puis ces hommes et ces femmes doivent affronter d'autres difficultés - se retrouver face à un peuple très différent sur une terre totalement étrangère. Immédiatement visible, il y a la différence dans la physionomie des deux peuples africain et européen d'origine, ainsi que la différence géographique, climatique… Puis surgit le problème linguistique. En effet, les captifs se trouvent brutalement confrontés à la difficulté de la langue nouvelle. Face à la langue britannique, ces hommes et femmes de langue africaine - ouest-africaine très souvent - entendent des sons, des mots

qu'ils ne comprennent pas[4] ; les maîtres américains qui achètent des Africains pour les employer dans leurs plantations leur parlent, donnent des ordres et s'étonnent souvent de la réaction de ces personnes perdues dans ce monde hostile. C'est pourquoi l'argument de la *carence verbale et intellectuelle* des Noirs sera très tôt mis en avant par les pseudo scientifiques américains de l'époque pour expliquer la peine qu'ont ces personnes qui débarquent à comprendre la langue anglaise[5]… Les Africains ne comprennent pas ce que disent leurs nouveaux maîtres et peuvent difficilement obtempérer. La difficulté est probablement insurmontable pour eux dans un premier temps et vecteur d'une grande détresse.

Mais pire encore, il y a entre ces deux peuples une énorme différence culturelle. Deux cultures radicalement opposées se font face. La culture européenne écrite, littéraire ; une civilisation de la technologie et de l'industrie, un monde matérialiste dont sont directement issues les colonies américaines. Et la culture africaine qui est une culture orale - sans documents écrits - et spirituelle. Le domaine spirituel sépare en effet ces deux peuples. Les Européens d'Amérique sont un peuple rationnel, individualiste, devenu séculier, dérivant loin de Dieu avec l'influence du courant de la Renaissance européenne - peuple dont la doctrine humaniste met l'homme et son épanouissement au centre de tout. A l'opposé, les Africains sont ancrés dans la religion. Le culte du divin, les puissances divines, le diable, la superstition, le vaudou, la magie… sont les fondements de la spiritualité africaine. En outre, la société africaine est basée sur l'importance du groupe, de la communauté. La cohabitation des Africains et des Américains représente, par conséquent, un véritable choc de cultures, un réel défi.

Les difficultés qu'ont eues les captifs à s'adapter à leur

nouveau contexte de vie sont souvent évoquées. La réaction des Blancs face à leurs esclaves passe la plupart du temps sous silence. Il est pourtant clair que ces multiples différences débouchent sur une totale incompréhension de la part des Blancs face aux éléments de la culture africaine auxquels ils sont confrontés. Il n'est pas question, à l'époque, d'expliquer cette incompréhension par de l'ignorance. C'est pourtant le cas. Les Blancs, pour la plupart, ne savent rien de l'Afrique et de la culture africaine qu'ils trouvent « primitive » comparée à la « profondeur des valeurs occidentales » qui, selon eux, représente la norme supérieure. Cette méconnaissance va mener au refus d'admettre la culture de ces Africains, autrement dit à la négation de cette culture - terreau du mépris et du racisme. Ne les comprenant pas, les Blancs considèrent leurs esclaves comme sauvages, arriérés et, par conséquent, inférieurs. Mais cela va généralement plus loin, ils nient leur humanité, ne les considèrent pas comme des hommes. De ces différences et de cette ignorance va germer, chez les Blancs, l'idée fondamentale de la supériorité de la race blanche...

Cependant, si les Américains pensent que leurs esclaves sont de grands enfants - *childish*, - les esclaves, voyant leurs maîtres évoluer dans un monde hédoniste, sans grande foi, sans spiritualité profonde, pensent peut-être - probablement ? - que ces Blancs sont insensés et qu'il est pure folie de ne croire qu'en ses propres forces et capacités...

Les conséquences de cette violente implantation sur le sol américain sont nombreuses. Pourtant, malgré les innombrables difficultés auxquelles doivent faire face les Africains en arrivant dans ce pays, ils prennent lentement racine sur cette terre d'« accueil ». Ils s'adaptent - souvent de manière inconsciente et involontaire, parfois volontairement pour plaire ou ressembler à leur maîtres, par exemple. Avec l'expérience américaine, les esclaves passent inévitablement par un lent processus d'acculturation, d'adaptation, plus ou moins rapide, à la langue et à la culture des maîtres - culture dominante en l'occurrence. Le degré d'acculturation est proportionnel au degré de contact avec cette culture dominante : plus les Noirs vivent proches des Blancs, plus ils apprennent la langue et la culture des maîtres et moins ils retiennent de substrat africain. Aux USA, les fermes, les plantations sont souvent petites avec peu d'esclaves. Il existe par conséquent une cohabitation étroite entre maîtres et captifs. Cependant, les domestiques sont très proches des Blancs alors que les esclaves qui travaillent dans les champs le sont moins.

Beaucoup d'éléments qui étaient très présents dans la vie de ces Africains vont disparaître dans le contexte de l'esclavage américain parce que la situation de ces personnes a changé de manière drastique. Ils sont passés de la liberté à la captivité et de nombreux aspects de leur existence en Afrique n'ont plus lieu d'être. Ainsi, tous les domaines qui touchent à la liberté vont être quasiment éradiquer du quotidien et de la langue des esclaves, comme aller à la chasse, à la pêche, courir, cueillir … ; certaines activités, certains métiers n'ont plus cours en captivité et ce vocabulaire disparaît : fabriquer des armes, des arcs, des flèches, sculpter le bois, travailler le fer, tisser… Il en va de même pour tout ce qui touche à l'organisation sociale, politique, économique…

Cependant certains aspects de la vie africaine se maintiennent dans le contexte de l'esclavage américain puisque le phénomène d'assimilation est indissociable de celui de la rétention linguistique et culturelle. En effet, les nouveaux arrivants sur le sol américain ne peuvent faire autrement que de continuer à utiliser leurs langues natales. L'adaptation à la langue anglo-saxonne est vraisemblablement très progressive. Ils incorporent peu à peu des mots américains dans leurs conversations, les répétant souvent difficilement, ce qui donnera l'occasion aux pseudo-scientifiques de l'époque d'émettre la thèse de la *carence verbale* et de l'*infériorité intellectuelle* des Noirs, déjà évoquée. C'est cette lente assimilation linguistique que l'on nomme le *stade pidgin*[6]. Un substrat africain très important persiste alors dans le parler des captifs.

Puis, au fil du temps, les nouvelles générations d'esclaves s'ouvrent naturellement à la langue américaine. Leur accent s'améliore, ils incorporent moins d'éléments africains dans leurs conversations. Cette évolution représente le *stade créole*[7]. Néanmoins, malgré ces changements linguistiques naturels, il serait faux de croire que tous les éléments africains aient disparu de la langue des esclaves. Volontairement ou non, les captifs d'origine africaine continuent d'utiliser des mots, des intonations, des rythmes africains ; et c'est grâce à leur tradition orale que ce substrat linguistique et culturel va perdurer sur le sol américain[8].

Au niveau culturel, le substrat africain persiste dans des domaines qui peuvent - et doivent - rester secrets chez les esclaves puisque les Blancs n'en tolèrent pas toujours la pratique, comme la religion et la croyance en plusieurs dieux, le culte animiste avec la pratique du vaudou, les transes, la sorcellerie, la magie et tout ce qui touche au surnaturel. La culture africaine subsiste également dans d'autres secteurs comme les traditions, la musique, les chants, la danse…

Ce processus d'acculturation aura des conséquences moins visibles, notamment aux niveaux psychologique et mental. Les esclaves sont lentement transformés, façonnés, au contact des Européens d'Amérique et de leur culture radicalement différente. A travers l'esclavage sur cette terre totalement étrangère, les captifs subissent une lente déstructuration mentale accompagnée d'une restructuration impliquant un profond et violent changement d'identité. Ces modifications importantes mêlées à la rétention d'éléments africains vont donner une nouvelle identité à ces hommes et femmes : l'identité afro-américaine ou africaine-américaine.

La musique[9] des Africains captifs - futurs Africains-Américains - n'échappe pas à ces lentes transformations. Elle en est le reflet… Ainsi ce livre s'attachera à démontrer que la musique et les chants des captifs noirs, depuis l'esclavage, ont été façonné par l'histoire américaine - leur histoire - et ont également façonné l'histoire américaine. Ce double mouvement est omniprésent dans l'ouvrage.

En fait, un phénomène étonnant se produit dans la communauté africaine des colonies britanniques du Nouveau Monde. Malgré la somme de difficultés, malgré la déshumanisation inhérente à l'esclavage, depuis le début de l'implantation des Africains dans ces territoires, des voix noires[10] s'élèvent des champs de coton ou de canne à sucre, des cases où ils vivent, des églises où ils prient, des bateaux qui remontent le Mississipi, des docks où sont inlassablement vidés et remplis les ventres des embarcations. Comme si ces Africains - esclaves ou non - vivaient dans un monde de musique, en dépit des difficultés du quotidien.

Mais cette musique - qui a depuis toujours occupé tant de place dans la communauté afro-américaine - n'est-elle qu'une simple distraction, une habitude, une tradition qui perdure au fil des siècles, ou bien joue-t-elle un rôle plus radical pour ce peuple meurtri, avide de liberté et de justice ?

LA MUSIQUE, CONSOLATION
DANS LA SERVITUDE

Le chant des esclaves d'Amérique dans un contexte profane.

Il est impossible de parler de la musique des esclaves américains - ou de leurs langues et culture - sans évoquer l'Afrique. Or, en Afrique, la musique est indissociable de la *tradition orale*. Musique et tradition orale sont deux piliers étroitement liés de la culture et de la vie. La tradition orale[1] consiste en une diffusion des informations - faits divers, légendes, fables, épopées, récits historiques... - par la parole. Le message se conserve plus ou moins intact par la répétition et la transmission de génération en génération. La tradition orale ancre les personnes en les reliant à leur passé, à leurs racines. Et puisqu'il n'y a pas de traces écrites, elle joue un rôle crucial en ce qui concerne l'identité de ce peuple et sa mémoire ; c'est une fonction vitale en Afrique.

La culture ancestrale africaine - comme tant d'autres - n'ayant pas de support écrit, ses supports sont le temps et l'espace ainsi que le message oral lui-même, comme les lettres et autres signes sont celui du message écrit. L'oralité s'inscrit, par conséquent, dans le temps. Dans le discours oral, les mots se posent les uns après les autres, les phrases se forment au fil du temps qui court. C'est alors l'immédiateté qui caractérise l'oralité - contrairement au message écrit qui implique souvent une prise de recul plus ou moins importante de la part de celui qui le rédige. Celui qui parle aussi bien que celui qui reçoit le message sont dans l'instantanéité. La perception immédiate immerge celui qui parle comme celui qui écoute. D'autre part, l'instantanéité de l'émission du message implique la spontanéité du locuteur - la spontanéité étant le moteur de l'acte oral. La spontanéité est liée à l'intuition ; l'intuition est indispensable à l'improvisation - l'improvisation étant fondamentale dans la tradition orale. L'improvisation est un véritable art dans ce contexte. Les joutes verbales nécessitent une grande dextérité. L'émetteur est émotionnellement impliqué dans ce qu'il dit et il utilise divers moyens comme l'intonation, l'accentuation, le rythme… pour faire passer son émotion et son message. La tradition orale africaine se caractérise par un incroyable *dynamisme lexical* engendré par la force vitale des mots désignée, en Afrique, sous le terme *Nommo* qui est le pouvoir magique du mot, sa force productive ; il est la vie elle-même[2]. L'information délivrée peut l'être sans aucun support hormis les mots. Cependant la musique est souvent un véhicule pour la diffusion orale des informations. Les nouvelles, les histoires sont généralement transmises par des chants. La musique sans mots peu également transmettre des informations, par les rythmes complexes des battements de tam-tams qui, à eux seuls, lancent des messages. L'Afrique est dotée d'une longue et riche tradition musicale. Ainsi chaque domaine de la vie est imprégné de musique. Elle fait partie intégrante de la vie, on ne sépare pas la musique du quotidien. La musique est avant tout une entité fonctionnelle utilisée pour informer. Elle a, par conséquent, une fonction capitale puisque directement connectée aux informations. Alors qu'en Occident, la musique est habituellement une option artistique, en Afrique, la vie dépend de la musique et la musique dépend de la vie.

A partir des premiers Africains débarqués dans les colonies britanniques d'Amérique en 1619 et vendus en tant qu'esclaves, le flot des nouveaux arrivants est incessant. Bien que le commerce d'esclaves soit officiellement aboli en 1808, il continue de manière illégale. Par conséquent, les captifs africains fraîchement débarqués dans les colonies britanniques forment une vague quasi-continue.

Après l'arrachement brutal - déjà évoqué - à leur pays d'origine et un débarquement non moins brutal dans le Nouveau Monde, hommes, femmes et enfants ne sont plus reliés à leur pays que par la langue et la culture. Dans ces terribles circonstances, leur tradition orale va devenir plus que jamais indispensable afin d'éviter que leur identité ne se désagrège… Car, en réalité, les générations d'esclaves nées sur le territoire américain ne connaîtront l'Afrique qu'à travers des histoires véhiculées par la tradition orale et la musique.

Conséquemment à l'arrivée massive des Africains dans les colonies britanniques, la culture africaine se répand comme une vague sur ce territoire étranger. La tradition orale et musicale africaine, plus vivante que jamais, traverse l'océan atlantique sans perdre de sa puissance. Musique et chants continuent - comme en Afrique - d'être naturellement incorporés à toutes les circonstances de la vie des captifs.

Nous savons que, dans le Nouveau Monde, les cultures européenne et africaine vont s'opposer, violemment parfois. Il en va de même dans le domaine musical. La plupart des captifs découvre la musique occidentale des Américains blancs dans des contextes festifs. Il est évident que musiques européenne et africaine évoluent sur des plans différents : l'une comme un art qui embellit la vie, l'autre, nous l'avons dit, qui n'est autre que la vie. Pour preuve, cette contradiction apparente : ce peuple qui chante sans cesse alors qu'il vit les affres de l'esclavage. C'est là toute la force de vie de la tradition orale africaine.

La musique noire américaine - celle des esclaves d'Amérique - va représenter le point fondamental de la culture de générations de captifs ; profane ou sacrée, la musique africaine est à la base de cette culture africaine-américaine naissante. L'expérience musicale des captifs se révèle dans trois domaines principaux : le travail, le repos, la religion.

Les chants de travail ou work songs.

Nombre d'aventuriers, de voyageurs[3], d'ethnologues et autres scientifiques ayant visité l'Afrique ont laissé des récits édifiants qui donnent des détails très utiles. Certains décrivent l'importance de la musique pour les Africains, la place qu'elle tient dans leur société, dans des contextes divers, la facilité d'improvisation, le travail accompli en rythme sur fond musical ; d'autres reproduisent des chants ou chansons entendues en Afrique… A partir de là, nous pouvons émettre l'hypothèse qu'une grande partie de cette culture, musicale entre autre, se transmet sur le territoire américain à l'arrivée des captifs. Car, dans l'étude des chants des esclaves d'Amérique du Nord, les documents écrits font défaut pour la période la plus ancienne - 17ème et début du 18ème. La rareté des écrits est logique puisqu'il s'agit d'une culture orale. Mais ce défaut de documents provient également du désintérêt des Blancs pour la culture des esclaves ; ils ne prennent donc pas souvent la peine de noter les paroles des chants ou d'autres points de la culture des captifs[4]. Une autre hypothèse est émise concernant les chants plus récents - milieu ou fin du 18ème et 19ème siècles - selon laquelle ils auraient existé antérieurement et auraient été transmis de génération en génération par la tradition orale africaine.

Les voix des captifs se font tout d'abord entendre dans le domaine maritime. Transportés sur des bateaux négriers pour traverser l'océan Atlantique de l'Afrique de l'Ouest vers le Nouveau Monde, les captifs africains sont souvent enchaînés ensemble, assis de part et d'autre de l'embarcation, chacun doté d'un aviron. Afin qu'ils rament à l'unisson et pour leur donner du courage, un « chef » est désigné pour maintenir le rythme en chanson. On appelle ces chants les *rowing songs* ou « chants des rameurs. » Ce commerce s'étant étalé sur bien des années, il est probable que les chansons passent d'oreille en oreille, au fil du temps.

D'autres chants maritimes sont entonnés par les matelots sur les vaisseaux, probablement dès le commencement de la marine marchande aux alentours du 11ème siècle. Ces chansons seront nommées *sea-shanties* ou « chants de la mer » vers le milieu du 19ème siècle. Selon une hypothèse, les marins français en seraient à l'origine d'où le nom *shanty* qui viendrait du verbe « chanter. » Ces chants circulent sur les mers, dans les ports et se répandent dans la communauté maritime blanche ou noire. Ainsi sont-ils parfois entonnés sur les docks du Mississippi, ou bien sur les quais de la bordure est du pays - dans des ports comme Charleston, Mobile, Savannah… - par les dockers noirs, esclaves ou non. Ils permettent de se donner du cœur à l'ouvrage et d'effectuer le dur labeur en cadence : soulever les énormes balles de coton pour en charger les ventres des bateaux qui partiront vers l'Europe ; décharger d'autres embarcations,…

Ces chansons relatent les expériences en mer, la lassitude des marins, la nostalgie du passé… Elles se chantent généralement à plusieurs voix et utilisent largement la figure du *call and response*[5], très répandue en Afrique de l'Ouest, c'est la raison pour laquelle l'hypothèse de l'origine africaine de ce répertoire maritime est émise, sans certitude cependant.

Dans son ouvrage, *Shanty Men and Shanty Boys*, William M. Doerflinger affirme que les hommes de couleur, qui sont manœuvres sur le Mississippi, dockers sur la côte est, ou membres d'équipage, sont les meilleurs *shanty men* et font de remarquables performances,

notamment en chantant des shanties tels que *A Long Time Ago*, *Shallo Brown* ou *Gimme de banjo* qui va ainsi :
Dis is de day we make our pay-day, / C'est le jour de paie,
Dance, gal, gimme de banjo ! / Danse, fille, passe-moi le banjo !
Oh, that banjo, that sevenstring-banjo, / Oh, ce banjo, ce banjo à sept cordes,
Dance, gal, gimme de banjo ! / Danse, fille, passe-moi le banjo !

La work song est entonnée dans d'autres contextes, par une personne seule comme le forgeron qui fabrique des clous ou des fers à cheval, le potier, l'artisan ; mais elle est souvent chantée par un groupe, comme le fait une chorale. L'auteur Ben Sidran explique que les chants de travail représentent un « acte social[6].» Ainsi des voix se font entendre dans les plantations de coton, de riz, de maïs, de tabac, de canne à sucre,... ou pour l'abattage des arbres, la construction de clôtures,... Ces chants sont encore appelés *plantation songs* / « chants des plantations » ou quelquefois *hollers, field hollers* ou *shouts - holler, shout* signifiant « braillement, cri ou lamentation stridente. » L'écrivain P.L. Dunbar décrit Parker, assis au bord d'un champ dans une plantation, à l'ombre d'un arbre. De temps en temps arrive à ses oreilles un chant strident avec parfois le « cri » /*shout* d'un frère ou d'une sœur[7].

Ces chansons permettent de soulager le corps et l'esprit des captifs. Tenir la cadence et oublier qu'ils ne seront plus jamais libres... Elles apparaissent comme les plus spectaculaires de la communauté esclave des colonies britanniques du Nouveau Monde, et les plus authentiques. Certains morceaux sont improvisés - l'improvisation étant, nous le savons, une caractéristique essentielle de la tradition orale africaine et, par conséquent, une spécificité des chants d'esclaves. Il est alors probable que les tout premiers chants de travail entendus dans les plantations du Nouveau Monde aient été improvisés. Par la suite, l'improvisation garde toute sa place dans les work songs. D'autres chants sont directement inspirés de l'Afrique selon la transmission orale. Une fois transportés sur le sol américain, ils gardent leur authenticité pendant des mois, voire des années. Cependant lorsque l'Afrique s'éloigne dans le temps et au contact de la culture occidentale, des modifications interviennent dans ces chansons. Les work songs des captifs intègrent très progressivement des mots anglais mais avec - entre autres - des déformations phonétiques ou intonatives logiques et inévitables lorsque les Africains tentent de calquer la langue américaine. C'est pourquoi les maîtres blancs peinent à comprendre leurs esclaves qui *pour eux* parlent une langue inintelligible[8]...

Tenter de décrire ces chants de travail, c'est évoquer au moins trois niveaux différents, les sons, le rythme et les paroles. Les sons, tout d'abord, avec des notes et des timbres différents. Au début, les esclaves semblent incapables de maîtriser la gamme diatonique. Pourquoi ? Simplement parce que ce système - courant dans la musique occidentale - ne l'est pas dans la musique africaine. Les musicologues expliquent clairement que les Africains - comme les Asiatiques - n'utilisent pas la gamme diatonique européenne composée de 5 tons et 2 demi-tons, mais l'échelle pentatonique qui comprend 5 notes. Et, chose tout à fait remarquable, dans la gamme musicale africaine figure la « note bleue » ou *blue note*. Elle est très difficile à décrire ; elle représente un léger infléchissement - moins d'un demi-ton. La caractéristique de cette sonorité est qu'elle engendre la tristesse, une certaine nostalgie qui reflète alors les paroles du chant. On l'appelle « bleue » car cet adjectif vient de l'expression américaine *to be blue* qui signifie, « être triste, découragé, avoir le cafard. » Transportée dans les plantations américaines, cette note particulière caractérise les chants de travail des captifs comme elle caractérisera la musique *blues*. En outre, les esclaves introduisent des cris, des pleurs, des gémissements... dans ces chants, ce qui donne l'occasion aux Blancs de les considérer comme de grands enfants... Mais ce que les Blancs ignorent, c'est que la *blue note*, les cris et autres lamentations véhiculent des informations - informations non-verbales - comme c'est le cas en Afrique de l'Ouest notamment. Car dans les langues africaines, prononcer un même mot avec des timbres différents, ou en changeant de ton, modifie souvent le sens de ce mot[9]. Cette tradition musicale avec ses techniques vocales typiques, qui ont continué à être utilisées par les captifs du Nouveau Monde, caractérise les chants de travail des esclaves d'Amérique.

Voyons le rythme des work songs à présent. Il est clair que les rythmes, les mélodies, les harmoniques restent inchangés en passant de l'Afrique au continent américain. Le rythme est l'élément le plus authentiquement africain de la musique afro-américaine. Dans un contexte besogneux, la cadence est souvent soutenue ; ainsi les phrases courtes entendues dans les chants de travail sont-elles souvent prononcées sur un tempo bien marqué dont la finalité est de faire travailler les esclaves de manière productive et synchronisée. La mesure donne et maintient la cadence dans le labeur. Fanny Kemble, Anglaise épouse d'un planteur américain de l'Etat de Géorgie - et qui a laissé de précieux documents sous forme de journaux intimes - déclare avoir entendu, à de nombreuses reprises, maîtres et contremaîtres interdirent les rythmes mélancoliques dans le travail, mais plutôt encourager les tempos entraînants. Néanmoins, il est des chants où le rythme est lancinant, une phrase peut être répétée encore et encore comme dans le chant cité plus loin, *Roll the cotton down* où les esclaves au travail lancent inlassablement « Roule le coton ». Ces répétitions caractéristiques peuvent s'expliquer par le manque de vocabulaire américain des captifs, au moins durant les premières années de l'« Institution Particulière. » Ils répètent alors seulement les mots ou les expressions qu'ils connaissent. Ainsi, c'est bien le rythme qui prédomine dans ces chants, au détriment de la mélodie ou des paroles, et c'est pourquoi certains ont qualifié cette musique de « primitive. »

Le tempo peut être donné par les instruments de travail. Fanny Kemble décrit un chant entonné à l'unisson, alors que chacun des captifs interprète la mélodie à sa manière, en y ajoutant des fioritures selon l'envie. En fond sonore, les pioches, des pelles et autres instruments donnent le rythme au chant… Très souvent, les esclaves chantent sur le modèle du call and response selon lequel, nous le savons, un meneur chante et donne le rythme et des voix lui répondent à l'unisson selon l'héritage africain. Ces appels suivis de réponses résonnent dans toutes les plantations américaines. Les leaders des chants de travail doivent être excellents pour des questions de rendement. Ils sont recrutés en fonction de leur capacité à bien mener le groupe et doivent faire en sorte que la cadence soit régulière et soutenue. Les bons meneurs de chant sont par conséquent très prisés des contremaîtres dans les plantations.

Que racontent ces chants de travail ? Ils sont, pour les nouveaux arrivants, souvent empreints de la nostalgie de la terre natale. La terre qu'on ne verra plus et que l'on pleure. Certains morceaux musicaux mettent également en scène des histoires populaires, des comtes, légendes et autres proverbes bien connus dans la tradition orale africaine. *Uncle Remus* et *Br'er Rabbit* sont, par exemple, deux personnages célèbres de ces fables. Ces thèmes ont traversé l'Atlantique et se maintiennent de façon stable dans les chants des esclaves d'Amérique avec des transformations naturelles - volontaires ou non. Certaines notions vont, en effet, disparaître afin que le chant s'adapte aux nouvelles conditions de vie. Le quotidien de ces hommes et femmes, dès lors captifs, ayant radicalement changé, parler de chasse, de fêtes, de voyages ou de liberté n'a plus aucun sens sur le territoire américain, nous l'avons vu. Ainsi, les Africains mis en esclavage vont naturellement transformer les paroles des chansons qu'ils connaissent pour les adapter à leur « nouveau monde. » En outre, d'autres changements sont imposés par les maîtres. Comme mentionné antérieurement, les Blancs interdisent parfois aux esclaves d'évoquer certaines notions dans leurs chansons, notamment celles qui concernent les dieux, la sorcellerie, le vaudou... Cette épuration imposée - nommée *décréolisation*[10] - est probablement compliquée à réaliser pour les captifs nés en Afrique, mais ces changements sont généralement intégrés et stables à partir des générations nées sur le territoire américain.

Ainsi certains chants évoquent-ils le quotidien, la vie, les peines, les épreuves... et peuvent être entendus dans des contextes différents. Selon les documents, la chanson intitulée *Poor Rosy, Poor Gal* est entonnée dans le domaine maritime, ou bien par des meuniers ou encore dans les cases des captifs après le travail : *Poor Rosy, Poor gal, Poor Rosy, Poor gal, Rosy break my poor heart (...)*[11] / « Pauvre Rosy, Pauvre fille, Rosy a brisé mon pauvre cœur. » Le travail est un thème récurrent. Ceux qui ramassent le coton décrivent le labeur qu'ils font inlassablement, tout le jour et de jour en jour. C'est pourquoi le mot *cotton* revient sans cesse dans les work songs. On appelle d'ailleurs ces chants des *cotton songs* ou « chants cotonniers. » Le morceau *Roll the cotton down* en est un exemple, c'est également un modèle de call and response. Le meneur lance « Là-bas, dans mon sud natal, » et les ouvriers répondent « Roule le coton. » Meneur « Je travaillais dans le coton et le maïs, » ouvriers « Oh, roule le coton[12]... » De même, existent des chansons dédiées au maïs, à la canne à sucre ... ou également des *blacksmiths songs* - chants des forgerons ; d'autres sont entonnées par les ouvriers qui travaillent dans des moulins,... Ainsi la complainte intitulée « Les Moulins du Jourdain » ou *Jordan's Mills* décrit-elle les moulins construits sans clou ni marteau, qui tournent sans vent ni eau[13].

Les chants dans le repos.

Après le travail, les captifs peuvent enfin se reposer dans leurs quartiers ou *slave quarters*. Là, la musique y est également omniprésente. Les esclaves ont de l'imagination quand il s'agit de marquer le rythme. Comme nous le verrons, certains possèdent des tambours, d'autres fabriquent des instruments avec des objets du quotidien sur lesquels résonne une cadence toute africaine. Ces ustensiles sont de fabrication simple et pratique pour pouvoir être transportés aisément. Pour les percussions, rien de tel qu'une peau d'animal tendue, ou l'utilisation de pots ou autres casseroles en fer. Pour fabriquer des banjos ou des violons, les esclaves tendent des crins de chevaux, par exemple, en s'aidant de côtes de mouton, de mâchoires de vache ; les cornes de buffle sont employées pour faire des flûtes[1]. Sinon, ils s'accompagnent en chantant, sifflant, en tapant des mains et des pieds, ce qu'ils appellent *patting juba* comme dans le chant :

Juba ceci et Juba cela. / *Juba this and Juba that.*
Juba a tué un chat noir. / *Juba killed a yaller cat.*
Juba ceci et Juba cela. / *Juba this and Juba that.*

Agrippe ton / ta partenaire / *Hold your partner where you at*².

Le résultat de ces chants et ces danses est si touchant qu'il émeut souvent les Blancs qui assistent parfois aux performances des captifs…

Toutes ces chansons ont pour objectif de divertir les esclaves. Ils jouent de la musique ou chantent pour se distraire dans une vie souvent monotone. Ils chantent en accomplissant les tâches quotidiennes, en nettoyant, faisant la cuisine… Ces ritournelles sont apprises ou improvisées,

Maman a fait cuire un gâteau / *My mammy baked a hoecake,*

Aussi gros que l'Alabama / *As big as Alabama.*

Elle l'a lancé sur la tête d'un Noir / *She throwed it 'gainst a nigger's head,*

Ça a sonné comme un marteau / *It rang just like a hammer*³.

Des réunions entre captifs sont souvent autorisées par les maîtres lors des grandes fêtes comme Noël, le jour de l'an ou le 4 juillet - fête de l'indépendance américaine… Ce sont, pour la communauté esclave, d'autres occasions de chanter et de danser.

En outre, les esclaves improvisent souvent des chants en fonction d'une situation imprévue, un décès dans leur communauté, un esclave qui reçoit le fouet, une naissance… Le morceau suivant est repris par un homme qui a volé de la nourriture, ce qui arrive fréquemment :

Désolé, si je quitte ma maison / *Sorry dat if I leave my home,*

J'vais dans ma hutte / *I gwine to my shack*

Avec le poulet sur mon dos / *Wid de chicken on my back*

Ça ne regarde personne que moi. / *Nobody business but mine*⁴.

Les chansons à danser sont également très prisées des captifs :
There is a gal in our town, / Il y a une fille dans notre ville,
She wears a yallow striped gown, / Elle porte une robe rayée de jaune
And when she walks the streets aroun' / Et lorsqu'elle se promène dans les rues
The hollow of her foot makes a hole in the groun'. / Le creux sous son pied fait un trou dans le sol.
Refrain
Ol' folks, young folks, cl'a the kitchen,(...) / Vieils gens, jeunes gens, débarrassez la cuisine,
Ol' Virginny never tire. / Cette vieille Virginny est jamais fatiguée[5].

Et lorsque les Blancs organisent des fêtes en famille ou entre amis, ils demandent parfois aux esclaves d'improviser une chanson. Souvent les auditeurs sont épatés par le talent des captifs... la beauté de leurs voix, leur rapidité à inventer des paroles, des tempos... - ignorant totalement que cette spontanéité est partie intégrante de la tradition orale africaine. C'est à l'occasion de ces festivités que les Noirs voient les Blancs danser ballets et menuets ; ainsi apprennent-ils des ballades anglo-saxonnes qui ont des siècles et qu'ils entonnent ensuite entre eux pour s'amuser.

Les enfants des captifs ont également recours à la musique et au chant pour se distraire. Ils reprennent souvent les chants de travail des adultes comme *Pick a bale of cotton* qui évoque la bale de coton que les esclaves doivent former chaque jour : *Oh lordy pick a bale of cotton / Oh lordy pick a bale a day*. Ou alors le chant *Bob-a needle* qui peut se traduire comme suit « Maman je pleure, Maman je pleure, Bébé qui pleure court, Bébé qui pleure ne court pas[6].»

Ainsi, en continuité de la culture africaine, cette culture africaine-américaine naissante est une culture orale qui sera rapidement mise en opposition à la culture littéraire écrite occidentale. Les Blancs sont déroutés face à cette civilisation qu'ils ne comprennent pas la plupart du temps. Cette incompréhension débouche souvent sur du mépris car pour les Américains blancs, ne pas avoir de culture écrite et littéraire représente un vide, un défaut de culture. Par conséquent et comme nous l'avons dit, la culture de leurs esclaves est, selon eux, inférieure et primitive…

Le chant des esclaves d'Amérique dans un contexte religieux.

En Afrique, hommes et femmes sont généralement proches de la foi, nous l'avons dit. La pratique de la religion y est fréquente avec son lot de vaudou, sorcellerie, superstitions et autres rituels spirituels, qui se déroulent sur fond de tambours, ces percussions qui servent à invoquer les dieux, à adorer, à entrer en transe.

Les captifs arrivent dans le Nouveau Monde avec ces traditions religieuses bien ancrées. Nous savons qu'ils se voient souvent interdire ces pratiques par leurs maîtres qui sont, la plupart du temps, déroutés par ces coutumes qu'ils ne comprennent pas et qui les effraient ou les mettent mal à l'aise.

Or, il n'est pas possible aux Blancs ni aux Noirs d'éradiquer ces rites et usages du jour au lendemain. C'est la raison pour laquelle les esclaves vont maintenir leurs traditions religieuses séculaires, volontairement ou non.

Ainsi, une importante rétention culturelle va être conservée, qui se transmettra de génération en génération. Cependant tout cela doit se faire dans la clandestinité. C'est pourquoi les esclaves se réunissent en cachette, dans les bois - c'est plus sûr - pour pratiquer leur foi et souvent pendant la nuit. Ainsi, en secret, s'adonnent-ils au vaudou en utilisant des amulettes, des talismans, des grigris qu'ils appellent *mojo*. Ils lancent des incantations à leurs dieux, invoquent les esprits, chantent et dansent, entrent dans des transes surnaturelles aussi spectaculaires qu'inquiétantes…

Dans le même temps, les captifs se retrouvent plus ou moins en relation avec le « dieu des Blancs. » En effet, de nombreux esclaves - surtout les domestiques qui vivent avec leurs maîtres - sont, d'une manière ou d'une autre, au contact de la chrétienté, par exemple en entendant chanter des hymnes religieux ou parler de Dieu ou de la Bible. Ainsi, rapidement, se pose la question de leur conversion à la religion chrétienne. Mais de toute évidence, sauver les âmes des captifs n'est pas dans l'intention des maîtres[1]. Dans un premier temps, il n'est pas question que les Blancs convertissent les Noirs au christianisme car nombre d'Américains ne les considèrent pas vraiment comme des êtres humains. Cette phrase revient souvent à l'époque : « Un esclave ne peut être un homme » / *A slave cannot be a man.* Et l'on ne peut parler de Dieu qu'aux hommes… Un autre élément fait que les Blancs refusent d'enseigner leur religion aux captifs. En effet, il serait très culpabilisant pour les maîtres d'enchaîner des frères chrétiens. Les esclaves ne doivent donc pas connaître la chrétienté.

Il faut attendre la fin du 18ème siècle et le début 19ème siècle pour que des missionnaires chrétiens, Quakers essentiellement, s'intéressent au salut des esclaves et commencent à les catéchiser. C'est la période du renouveau religieux appelé « Grand Réveil » - *the Great Awakening* - qui envahit l'Europe et se transporte dans le Nouveau Monde afin de tenter de réveiller la foi des Américains qui ont souvent mis Dieu de côté... Dans ce contexte d'effervescence religieuse, des prêtres baptistes ou méthodistes sont envoyés auprès des esclaves pour leur parler de la Bonne Nouvelle du Christ.

Les maîtres se disent qu'après tout, ils ont peut-être intérêt à inculquer aux esclaves les notions de péché et d'enfer. Cela devrait les maintenir dans le droit chemin demandé par Dieu et donc éviter les révoltes, les évasions et autres vengeances contre les Blancs. Christianiser les captifs ne pourrait-il pas devenir un moyen de contrôle ? Et puis, cela permettrait aux maîtres d'utiliser un argument de poids pour justifier l'esclavage. En effet, ils expliquent aux esclaves que si leur vie sur terre n'est pas facile, ils seront heureux au paradis : « Vous mangerez votre gâteau au ciel » leur disent-ils / *You'll eat your pie in the sky*.

Dans le cadre de cette évangélisation, les missionnaires chrétiens organisent de grands rassemblements religieux, des camps ou *Camp Meetings*, qui ont la plupart du temps lieu en plein air et se déroulent sur plusieurs jours. Ces vastes réunions ne regroupent pas que des esclaves ; on y rencontre aussi des Noirs libres[2], des Blancs socialement défavorisés qui viennent chercher un peu de réconfort afin de puiser la force de surmonter les vicissitudes de leurs vies. Des milliers de personnes noires ou blanches s'y côtoient fraternellement pour entendre des pasteurs blancs prêcher les Saints Evangiles. Ces endroits représentent alors les premiers espaces dépourvus de ségrégation du Nouveau Monde.

Ces réunions deviennent très populaires et particulièrement parmi les esclaves. Pourquoi cet extraordinaire engouement chez les captifs ? Tout d'abord parce qu'ils ont besoin de croire et de pratiquer une religion. Nous avons évoqué l'omniprésence de la religion en Afrique alors que la plupart des maîtres américains en interdisent la pratique sur les plantations. En acceptant le Dieu des chrétiens, les esclaves n'ont plus à se cacher pour prier. Ils peuvent assouvir leur besoin de spiritualité en toute sécurité. Ainsi, les missionnaires n'ont pas de mal à convertir les Noirs en mal de dévotion. D'autre part, la doctrine chrétienne a des points communs avec les pratiques religieuses africaines. Notamment, le Saint-Esprit - *Holy Ghost* - qui rappelle aux captifs les esprits qu'ils évoquaient dans leurs pays d'origine. Et cela plaît et rassure ces hommes et ces femmes. En outre, certains rites chrétiens ressemblent à des rites africains notamment le baptême dans l'eau ou baptême par immersion. Ainsi, au Bénin, existe-t-il une cérémonie célébrant le dieu de la rivière - probablement prohibée par les planteurs américains - tandis que le rite analogue, en apparence, appelé « baptême » dans la culture européenne est un substitut intéressant pour les esclaves... De plus, ceux-ci adhèrent quasi immédiatement à l'histoire biblique. En effet, les difficultés rencontrées par le peuple hébreu leur apportent la consolation et l'espérance, nous le verrons. D'une part, Moïse délivre le peuple juif de l'esclavage, d'autre part, les captifs s'identifient au Christ Jésus qui a subi les pires injustices. Cette espérance transparaît dans ce chant d'esclave pour le moins satirique :

Massa sleep in de feather bed, / Le maître dort dans un lit de plumes,

Nigger sleeps on de floor ; / Le Nègre dort par terre ;

When we'uns gits to Heaven, / Quand nous serons au Ciel,

Dey'll be no slaves no mo'e[3]. / Il n'y aura plus d'esclaves.

En outre, ces rassemblements déségrégués sont intéressants pour ceux d'entre les esclaves qui souhaitent ressembler aux Blancs et adopter leurs valeurs par le biais du processus d'acculturation. Lorsque l'on parle d'assimilation, on pense plutôt à la communauté des Noirs libres américains. Parmi eux, certains désirent imiter les Blancs, essentiellement les Créoles qui ont la peau claire et souhaitent gravir les échelons de l'échelle sociale américaine[4]. Mais ce phénomène apparaît également chez les esclaves. Ceux qui sont employés dans les maisons des maîtres - nourrices, cuisiniers, serviteurs... - sont physiquement très proches des Blancs et désirent leur ressembler. L'assimilation est plus difficile pour les captifs qui travaillent dans les champs et qui sont moins au contact des familles. Cela débouche d'ailleurs fréquemment sur une forme de ségrégation entre captifs. Les plus raffinés méprisent parfois leurs frères ouvriers agricoles qui sont mal habillés et ont des manières plus rustres. Ainsi, assister aux moments de prière avec les pasteurs blancs donne à cette catégorie d'esclaves l'opportunité d'imiter les Blancs. Mais par-dessus toutes autres raisons, chanter, louer, danser représente une expérience très agréable pour les captifs - peut-être plus attirés par ce côté festif de la religion que par la doctrine elle-même, tout au moins dans un premier temps. La musique joue un rôle d'une extrême importance dans ces rassemblements. Elle rivalise d'ailleurs avec la doctrine à proprement parler.

C'est dans ces assemblées religieuses que les *spirituals* - prononcés *sperichils* ou *spirichils* pas les Noirs - apparaissent, en deux temps principaux. Premièrement, lors de ces réunions de prière du Grand Réveil, les pasteurs blancs enseignent des chants sacrés à leur auditoire - des cantiques, des hymnes protestants inspirés de l'Ancien Testament. Ces hymnes sont généralement appelés *spirituals* puisque connectés au sacré, au spirituel, au Saint-Esprit. Ces chants religieux sont souvent écrits par des gens d'église, comme le pasteur évangéliste *James Davenport* (1716-1757) qui, en 1742, décrit les délices d'une âme qui se réjouit éternellement avec les anges, dans un avant-goût du paradis[5]. En 1799, le pasteur baptiste *John Leland* compose l'hymne « Viens et savoure avec moi » / *Come and Taste along with me* - « Viens et savoure avec moi la consolation qui coule en abondance, et je lui donnerai la gloire. » / *Come and taste, along with me, consolation running free, and I will give him glory.* D'autres spirituals figurent dans le recueil de *Jeremiah Ingalls* intitulé « L'Harmonie Chrétienne » / *The Christian Harmony.* Isaac Watts (1674-1748) écrit également de nombreux hymnes ; puis vient le très célèbre *Amazing Grace*, composé par *John Newton* (1725-1807) - évangéliste et capitaine d'un vaisseau négrier - cantique qui, malgré tout, est toujours passionnément aimé dans la communauté noire américaine. Une autre catégorie de spirituals beaucoup plus mélancolique est tirée des *Psaumes* de lamentation que l'on trouve dans la Sainte Bible. Ces chants de lamentation, de tristesse - *lament songs/sorrow songs* - reflètent l'état d'esprit des esclaves, c'est l'âme du captif qui s'y exprime[6]. Ils sont des soutiens, des encouragements dans les tourments de leur vie, cette musique les console, les apaise, les aide à vivre, à lutter contre le désespoir ; c'est le moyen de s'évader d'une vie sans horizon ; ces hymnes servent d'exutoire. Un exemple avec ce chant de lamentation tiré du psaume 22 intitulé « Souffrances et espoirs du juste » : *Mon Dieu, le jour j'appelle et tu ne réponds pas, la nuit, point de silence pour moi. (...)* ; ou bien le célèbre spiritual qui dit *Sometimes I feel like a motherless child* / « Parfois je me sens orphelin de mère » ; ou encore ce chant - déjà évoqué dans un contexte profane car lament songs et spirituals peuvent être chantés en dehors du contexte religieux : *Poor Rosy, poor gal ;* / Pauvre Rosy ;

Poor Rosy, poor gal ; / Pauvre Rosy ;
Rosy break my poor heart, / Rosy brise mon pauvre cœur,
Heav'n shall-a be my home. / Le Ciel sera ma demeure.
Cannot stay in hell one day. / Je ne resterai pas un jour en enfer.
Heav'n shall-a be my home. (...) / Le Ciel sera ma demeure.

En écoutant ces *spirituals* et en les répétant, les Noirs s'imprègnent de la manière européenne de parler et de chanter. L'influence occidentale commence à pénétrer la culture des esclaves. Ainsi la musique représente t-elle un important facteur d'assimilation. Néanmoins, en s'appropriant ces hymnes chrétiens - par la force des choses ou dans un désir d'imiter les Blancs - les Afro-Américains y incorporent inévitablement, consciemment ou non, de leurs traditions africaines, de leur sensibilité, de leur âme peut-on dire. Il est donc clair qu'une large part de la tradition orale africaine est retranscrite et conservée dans les chants des esclaves.

Puis, dans ce contexte de grand enthousiasme religieux, les Noirs vont rapidement vouloir se mettre à l'écart de la communauté américaine blanche. En effet, ils prennent l'initiative de créer leurs propres maisons de prière - lorsque les maîtres les y autorisent ou clandestinement dans le cas contraire. Ces maisons de prière appelées *black praise houses* représentent le prototype de l'Eglise noire-américaine en devenir. Les captifs choisissent alors leurs propres leaders, des pasteurs noirs qui vont piloter ces Black Camp Meetings - réunions sacrées exclusivement entre Noirs. L'auteur *P.L. Dunbar* décrit précisément ces rassemblements religieux[7].

Mais pourquoi désirent-ils se détacher de l'église des Blancs ? Parce que cette indépendance leur procure une sécurité puisque, au regard du contexte esclavagiste, les maîtres sont souvent perçus comme des ennemis par les esclaves. Au sein de leurs propres églises, les captifs se sentent relativement libres de la domination des Blancs. Durant ces sessions de prière, les Noirs peuvent enfin être eux-mêmes en s'exprimant librement selon leur culture orale ancestrale ; dans ces endroits, ils peuvent être « vraiment Noirs[8]. » Ils ont besoin d'extérioriser ouvertement leurs sentiments et ces assemblées religieuses les y aident ; ils peuvent enfin laisser libre cours à leurs émotions sans se cacher, sans feindre. Ces maisons de prière représentent alors une extraordinaire bulle de liberté et d'autonomie au sein du système esclavagiste. En outre, lors de ces rassemblements, se développe le sens de la communauté, de l'unité entre frères. De ces meetings religieux va naître un profond soutien entre frères de couleur. Les esclaves auront pour réputation de ne pas se trahir, ne pas se dénoncer, de s'entraider. Ainsi une grande solidarité se développe. Ces lieux de prière deviennent des endroits privilégiés où les captifs se forgent une nouvelle vie sociale, des endroits uniques où ils nouent des liens, sont libres d'entrer en contact avec l'autre, de parler, d'échanger... C'est en grande partie grâce à ces assemblées que les Noirs reconstruisent progressivement les communautés anéanties par le système esclavagiste.

Pour toutes ces raisons, ces réunions spirituelles deviennent rapidement indispensables aux captifs qui s'y retrouvent en toute légalité après le travail ou bien quand ils le peuvent, en cachette des maîtres...

Au sein de ces maisons de prière noires, la musique, les chants et la danse jouent un rôle essentiel et indispensable aux esclaves. Musique et danse vont représenter une expérience très spécifique - car comme en Afrique, la religion est intimement liée à la musique. Certains captifs utilisent des instruments comme les tambours, les tambourins même s'ils sont parfois interdits dans les plantations. Âmes et corps fusionnent harmonieusement sur fond musical. La danse - mal vue par les Blancs dans un cadre sacré - se pratique totalement librement dans les églises noires. Les participants tapent ou traînent les pieds en rythme, font des rondes, frappent des mains, chantent... Comme en Afrique, c'est une religion d'émotion ponctuée de transes, de cris... Cette expérience unique vécue dans les *praise houses* - maisons de prière - des plantations américaines portera bien des fruits.

Dans ces églises, les sermons des pasteurs noirs sont directement issus de la tradition orale africaine qui, elle-même participe largement à l'ancrage de la tradition orale noire américaine en Amérique. La religion chrétienne des Noirs américains engendre un vocabulaire et des expressions spécifiques qui perdurent plus que jamais jusqu'à nos jours. Depuis les premiers contacts des Africains avec les Blancs, et particulièrement dans le contexte religieux, l'apprentissage des mots se fait, nous le savons, par répétition phonétique. Les esclaves s'efforcent de répéter les mots anglais au plus juste, les reproduisent phonétiquement mais des altérations surviennent inévitablement au niveau de la prononciation des signifiants en raison de la prononciation africaine d'origine. La prononciation des mots anglais subit alors des modifications. Par exemple, le mot *religion* est alors prononcé « ligion » ; le prêtre, *preacher* devient « preechuh » ; *little brother* ou « petit frère » se prononce « lee'bro,... » Interviennent également des modifications au niveau des signifiés, du sens des mots ; ainsi certains mots peuvent-ils être utilisés avec des sens différents[9]. Voici quelques exemples de ce vocabulaire spécifique afro-américain : l'hymne chrétien intitulé *Climb Jacob's Ladder* / « Grimper l'échelle de Jacob » devient « Climin'

Jacob' Ladda. » Dans l'hymne *Tell my Jesus, morning,* / « Transmets le bonjour à mon Jésus, » les paroles vont ainsi *In de mornin' when I rise, Tell my Jesus huddy, oh,* / Lorsque je me lève le matin, (je) dis bonjour à mon Jésus, « huddy » voulant dire *how do ?* ou « comment ça va ? » Le laps de temps où le païen se convertit à la religion chrétienne est appelée *seekin'legion* par les esclaves ; la conversion à la chrétienté se dit *gittin'ligion*. *Comin'through* ou *comin' th'oo* est une formule qui exprime également le passage entre l'état de pécheur et celui de converti, comme dans le chant *I want to go through, Lord, Take me through, Lord* / « Je veux me convertir Seigneur, Convertis-moi. » Les *shouts* sont des cris poussés à certains moments d'une messe ou d'une cérémonie religieuse et qui semblent très utilisés en Afrique de l'Ouest. L'audience se met à crier lorsqu'elle approuve un sermon, une idée, une image lancée par le pasteur. Les shouts les plus répandus sont *Amen, Praise the Lord, Praise God...* qui exprime la louange ou la gloire de Dieu ; le *zooning* complète le shouting qui est la répétition d'un mot, d'une expression, en les criant. L'effusion du Saint-Esprit sur le chrétien se dit *gittin' the spirit* ou *gittin' happy* ; plusieurs expressions expriment les transes où le croyant est sous l'emprise du Saint-Esprit, c'est un point fondamental de la religion chrétienne des Noirs américains. Les transes expérimentées lors du *gittin'happy* donnent tout particulièrement le sens de l'unité entre frères, elles représentent une union spirituelle, une très forte émotion partagée. L'évêque *W. Carpers* décrit ces transes lors d'un camp meeting dans l'Etat de Caroline du Sud : les personnes tombent brusquement par terre dans des convulsions étranges, parcourues de violentes secousses[10]. L'église afro-américaine est véritablement une église de l'émotion, nous l'avons dit, exactement comme en Afrique. *Gittin'ovuh* est une formule qui décrit la résilience des esclaves et parle de survie ; la religion chrétienne - ainsi que la tradition orale - est un moyen de surmonter. Le terme *soul* / « âme, esprit » va se répandre dans la communauté noire des Etats-Unis jusqu'à décrire cette communauté, tout particulièrement dans les années 1960-1970. En effet, le peuple noir américain qui a fait l'expérience de la foi chrétienne se définit comme « spirituel » c'est-à-dire relié au divin plutôt qu'au matériel. Ce terme provient du contexte religieux, même s'il est aussi utilisé dans un milieu profane. Et c'est dans cet environnement que le mot *sperichil* ou *spirichil*, désignant les hymnes sacrés ou « spirituals » apparaît dans le vocabulaire noir américain.

N'étant plus encadrés par les maîtres blancs dans ces lieux de prière, les captifs laissent libre cours à leur imagination. Ils s'autorisent à poursuivre la modification des chants sacrés en rajoutant des mots, des phrases, des cris, des claquements de pieds et de mains… Les rythmes des hymnes protestants aussi sont souvent changés qui empruntent des harmonies s'inspirant de l'Afrique, nourrissant la rétention d'éléments africains. Ainsi les chants sacrés des Blancs - les spirituals - repris par les Noirs, adoptent-ils une forme originale et unique, plus tard appelée *negro spirituals* par les Blancs. Le sperichil représente une des formes musicales les plus anciennes chez les esclaves des Etats américains du sud[11]. Il est, par conséquent, un pur produit du contact entre le monde européen et l'Afrique - pur produit de l'histoire des Africains esclaves des Américains. Paradoxalement, le *negro spiritual* est un fruit savoureux engendré par les esclaves dans le contexte douloureux de la privation de liberté que l'on nomme « Institution Particulière » aux Etats-Unis.

La figure du *call-and-response* est également une caractéristique des negro spirituals[12]. Le pasteur mène le chant dont le tempo est généralement rapide, lançant une phrase ou un mot que la congrégation répète ou auquel elle répond. Le prêtre stimule les fidèles en lançant « Rappelez-vous de ça, le Seigneur va revenir, c'est certain » / *Remember, the Lord shu' will come back.* Les membres de l'assistance répondent « C'est sûr, c'est sûr. Allez Seigneur ! » / *Shu'nuff ! Shu'nuff ! Come on, Lord !* Le prête « Laissez-moi vous parler de Jésus qui nous a sauvés » / *Let me tell you about Jesus, who saved us.* L'assistance « Allez ! C'est la vérité ! » / *Go ahead ! You right* [13] *!* Dans le chant *Nobody Knows the Trouble I've seen* - interprété notamment par *Louis Armstrong* - le prêtre lance « Un matin je me promenais, » / *One morning I was a walking down*, et l'auditoire répond « Ô oui Seigneur ! » / *Ô yes Lord !* Le pasteur continue « J'ai vu des baies »/ *I saw berries a hanging down,* et la congrégation : « Ô oui, Seigneur ! » Le prêtre « J'ai cueilli les baies et j'ai bu le jus » / *I picked de berries and I suck de juice* ; l'audience répond « Ô oui Seigneur ! » Le pasteur continue : « Aussi sucrées que le miel » / *Just as sweet as de honey in de comb* - « Ô oui Seigneur ! », le pasteur : « Quelquefois je vais bien, quelquefois je vais mal » / *Sometimes I'm up sometimes I'm down* ; réponse « Ô oui Seigneur ! » ; le pasteur enchaîne « Parfois je suis presque à terre » / *Sometimes I'm almost on de groun'* ; *Ô yes Lord.* Les chants *Shout For Joy* et *Joshua Fit The Battle Of Jericho* sont, entre autres, des exemples de call and response.

Le negro spiritual a différentes fonctions. Avant tout, nous savons que cette musique est là pour consoler, apaiser les esclaves ; elle aide à lutter contre le désespoir dont beaucoup sont saisis. Le chant permet de transcender la réalité, et donc la condition d'esclave. Quoiqu'il arrive, Jésus est le Maître… « Roi Jésus, personne ne peut te faire obstacle. » / *Ride on King Jesus, ride on, no man can hinder thee.* En outre, le chant religieux représente un moyen d'évasion mentale ; il exprime une quête de liberté physique personnifiée dans la Bible par Moïse, qui délivre son peuple de l'oppresseur égyptien, ainsi qu'une quête de liberté spirituelle incarnée par Jésus-Christ qui libère du péché. Ces hymnes sacrés disent toute l'espérance des captifs en la Vie Eternelle. L'émancipation suprême à laquelle ils rêvent c'est la mort qui délivre des épreuves terrestres et débouche sur cette *Terre Promise* tant espérée comme dans le chant *I'm marching to Zion* / « Je marche vers Sion, la belle cité de Dieu. » C'est pourquoi le mot *heaven* / « paradis » revient très souvent dans les negro spirituals comme dans *I hear from heaven today* - le mot « hear » / entendre, étant prononcé « yearde » par les captifs, *Hur-ry on, my wea-ry soul, And I yearde from heaven to-day, Hur-ry on, my weary soul, And I yearde from heaven to-day. My sin is for-gi-ven and my soul set free, And I yearde from heaven today,...* / « Dépêche-toi, mon âme fatiguée, et j'ai entendu le ciel me dire, mon péché est pardonné et mon âme libérée. » Cet autre chant évoque également le désir de la Terre Promise : *Good Lord, shall I be de one, Making fo' de Promise' Lan'? I see my mother coming, Coming, Coming, I see my mother coming, Making fo' de Promise' Lan'.* / Bon Seigneur, serai-je celui qui se dirige vers la Terre Promise ? Je vois venir ma mère, venir, venir, Je vois venir ma mère, En route vers la Terre Promise[14]. *Crossing the River Jordan* évoque également ce désir de libération. Le mot *Jordan* / « Jourdain » revient à de nombreuses reprises dans ces hymnes ; il s'agit du fleuve du Proche-Orient évoqué dans l'Ancien Testament, notamment dans le Deutéronome[15] quand Moïse explique au peuple d'Israël que la Loi de Dieu est source de vie « et c'est par elle que vous vivrez de longs jours sur la terre

dont vous allez prendre possession en passant le Jourdain. » Le Jourdain est également évoqué dans le Nouveau Testament ; c'est l'endroit où Jésus-Christ est baptisé par son cousin Jean - futur saint Jean Baptiste[16]. Dans le célèbre chant *Roll, Jordan, Roll* il est aussi question du Jourdain et du Paradis :
Roll, Jordan, Roll / « Roule, Jourdain, roule. »
Roll, Jordan, Roll,
I want to go to Heaven when I die / « Je veux aller au Ciel à ma mort. »

Ainsi, en devenant en grande partie chrétienne, la communauté africaine du Nouveau Monde va prendre un virage radical. Avant le Grand Réveil, les Noirs d'Amérique sont et restent des Africains essentiellement tournés vers leur terre natale. Ainsi les chants de travail racontent-ils la nostalgie de l'Afrique, une idéalisation de cette terre de liberté dont les captifs sont à jamais privés. Mais sous l'influence occidentale et chrétienne, cette communauté africaine se détache progressivement et naturellement de l'Afrique pour s'adapter aux conditions de vie du Nouveau Monde selon le phénomène d'acculturation. La chrétienté a apporté Dieu aux esclaves, elle les a également américanisés en faisant de l'Afrique une « terre étrangère. » En effet, dans les « sperichils, » les esclaves ne parlent plus de l'Afrique. Avec la chrétienté, la liberté que représentait la terre natale est dématérialisée et remplacée par la *Terre Promise*. Les Noirs du Nouveau Monde deviennent alors des Africains-Américains. Le *negro spiritual* incarne ce changement. Cette musique est le produit du passage de l'Afrique à l'Amérique.

Dans ce contexte, il semble clair que la musique noire américaine se soit créée et ait évolué en fonction des étapes historiques, sociales, et des relations entre Noirs et

Blancs. L'histoire a façonné la musique des esclaves, car si les Africains n'avaient pas été transportés en Amérique, et mis en esclavage dans le contexte précis qui était le leur - engendrant un remarquable phénomène d'adaptation linguistique et culturel, ainsi qu'une inévitable rétention linguistique et culturelle - la musique noire américaine n'aurait sans doute jamais vu le jour. Chaque facette de cette musique reflète un aspect historique ou social.

LA MUSIQUE, RESISTANCE
DANS LA SERVITUDE

La culture noire américaine[1].

Si la culture africaine-américaine s'est développée en partie involontairement dans la communauté esclave d'Amérique du Nord, au contact des Blancs, les nouvelles générations de captifs comprennent rapidement l'intérêt d'avoir leur culture propre dans ce système esclavagiste. Avoir une culture distincte et solide face à l'adversaire permet de freiner les coups et d'en asséner. Ainsi les Afro-Américains des plantations vont-ils maintenir volontairement leurs savoirs et traditions pour pouvoir s'en servir face aux maîtres - dynamique invraisemblable au cœur de la déshumanisation engendrée par la captivité…

Ainsi la culture noire américaine a t-elle deux fonctions essentielles : maintenir en vie la communauté esclave et refuser la condition d'esclave. Tout d'abord, les captifs ont besoin de maintenir leur culture propre pour ne pas mourir - physiquement, psychologiquement, spirituellement ; cette culture de survie s'oppose à ce que le système esclavagiste ne détruise leur être profond. Outre la fonction sociale qui, nous le savons, leur permet de rester unis les uns aux autres, conserver la tradition plus vivante que jamais va leur permettre de combattre la déshumanisation inhérente à l'esclavage, pour ne pas devenir des choses sans âme comme le voudrait l'Institution Particulière... La culture afro-américaine va faire de ces esclaves des hommes et des femmes nouveaux et plus que jamais enracinés dans l'Afrique. La transmission de la tradition orale et de la culture africaine et africaine-américaine aux jeunes générations nées en Amérique devient essentielle pour le devenir de cette communauté. Aussi va t-elle cultiver coûte que coûte ce lien avec l'Afrique et le rendre indestructible afin de garder son identité profonde - en partie du moins - contrairement à ce que veut le système esclavagiste.

Cette culture, qui est un pur produit de l'esclavage, reflète les relations entre Blancs et Noirs qui vivent dans les nouvelles colonies américaines. Elle est le « fruit étrange » né de la privation de liberté[2]. Elle n'est, en réalité, ni plus ni moins qu'une culture *de résistance,* culture *subversive* qui va défier cette institution. Ainsi sera-t-elle clandestine, souterraine, secrète pour ne pas être connue des Blancs. Cette contre-culture ou culture parallèle se développe au nez et à la barbe des maîtres. Les esclaves doivent alors dissimuler, feindre, déguiser leurs sentiments,... Selon le pasteur *Charles C. Jones* (1804-1863), « les Noirs se comportent de telle manière devant les Blancs, et d'une autre entre eux. Tromper les Blancs est l'une de leurs caractéristiques, qu'ils soient esclaves ou libres en Amérique. C'est une habitude très ancienne qui se passe de génération en génération[3]. » Ces louvoiements sont compris, par les maîtres, comme de l'hypocrisie, une duplicité faisant partie intégrante du caractère des Noirs. Les Blancs restent en surface, ils ne comprennent pas le sens profond de ces comportements qui les mettent souvent mal à l'aise. Ils en sont déstabilisés et pressentent quelquefois un danger potentiel... Pendant ce temps, la culture africaine-américaine se développe et se renforce.

Cette contre-culture se manifeste principalement à deux niveaux. D'un point de vue linguistique, une part très spectaculaire de cette culture de résistance consiste à coder une partie du vocabulaire. En effet, il est nécessaire, en certaines occasions, de crypter les informations. Les messages doivent circuler entre captifs sans être compris des Blancs. Ce phénomène de codage ou cryptage provient directement de la tradition orale africaine[4]. Ainsi, certains signifiants sont-ils anglais, mais le sens a été changé par les esclaves : les « chevaux blancs » / *white horses* désignent les Blancs dans certains cas ; *Miss Ann* est une expression plutôt méprisante qui désigne une femme blanche... Ou bien un mot signifie t-il son contraire avec les renversements de sens très pratiqués en Afrique. « Bien » se dit alors « mauvais, » / *bad* devient *good*. Sans oublier les perpétuels changements de codes pour brouiller les pistes au cas où les Blancs auraient compris... D'un point de vue culturel, il est, nous l'avons dit, nécessaire de maintenir les traditions ancestrales vivantes et intactes - malgré une inévitable coloration occidentale - ce qui représente un véritable défi pour les esclaves. Car nous savons que les Blancs leur interdisent certaines pratiques, notamment les rites religieux, les superstitions, le vaudou et la sorcellerie,... - interdictions qui feront partie du processus de « décréolisation » initié par les Blancs dont l'objectif est d'éliminer toute trace de substrat africain du parler et de la culture des esclaves[5].

La musique noire américaine.

Nous savons que la musique noire américaine a une fonction sociale, qu'elle est un lien entre les membres de la communauté des Africains du Nouveau Monde et les maintient unis dans l'adversité, qu'elle distrait ou console. Cependant son rôle ira bien au-delà et représentera un point essentiel de cette culture de résistance. En effet, apparaissent des fonctions plus profondes qui touchent à l'existence même, à la vie et à l'identité, au devenir de cette communauté. C'est véritablement en ce sens que nous pouvons affirmer que la musique noire américaine a été façonnée par l'histoire, par les événements historiques et sociaux qui rythment la vie de cette communauté et auxquels elle doit faire face.

Cette musique, qui reflète également les relations entre Noirs et Blancs, répond aux mêmes motivations et besoins que la culture des captifs. Une *fonction subversive* ne tarde pas à se mettre en place. Tout comme la culture noire américaine, la musique va vouloir contrecarrer l'esclavage et sera utilisée comme un puissant véhicule de résistance à l'oppression. Qu'elle soit sacrée ou profane, elle devient un puissant moteur dans la vie des esclaves.

Tout d'abord la musique afro-américaine des plantations représente le refus de sa dissolution dans la musique occidentale. Ne pas devenir ce que les maîtres veulent que l'on devienne mais rester soi-même et en être fier. Le rejet de la musique européenne et des valeurs occidentales représente un phénomène d'anti-assimilation consciente - même si la musique occidentale continue d'imprégner la vie des esclaves notamment avec les hymnes protestants et la religion chrétienne des maîtres, et également avec les instruments comme le piano, le violon... Les captifs désirent maintenir et valoriser la musique africaine où, nous le savons, les chants et les rythmes sont omniprésents. Ce défi est révolutionnaire en soi. Ne pas se diluer mais au contraire accentuer les traits de la culture d'origine.

En outre, la musique permet de critiquer et de se mettre en opposition : dans leurs chants, les esclaves jugent le système de manière parfois véhémente, ils ne se laissent pas faire. Cela fortifie mentalement, cela rassure et créé un sens de l'unité ainsi qu'un refus de l'humiliation voulue par l'esclavage. Accompagné de moqueries et d'humour : les maîtres n'y comprennent rien…

De plus, la musique fait office de langue car les captifs ont été privés de leurs langues africaines, de leurs noms de famille... Un des sens profonds de cette musique est qu'elle devient une sorte de langue codée, une entité que les esclaves peuvent utiliser pour communiquer entre eux sans être compris des maîtres - au niveau des rythmes qui, comme en Afrique, transmettent des informations et au niveau des mots et expressions aux sens cachés pour que les Blancs ne comprennent pas la colère, les critiques, ou ... les complots. Plus qu'un simple passe-temps, la musique des captifs devient un puissant canal de cette contre-culture rebelle.

Le chant des esclaves d'Amérique dans un contexte profane.

Avec les arrivées successives de captifs, les rythmes remarquables de la musique africaine se répandent dans les Etats esclavagistes du sud des Etats-Unis. Comme en Afrique, les nouveaux venus utilisent alors des tambours, des tam-tams et autres dispositifs à percussion pour faire de la musique. Certains esclaves amènent avec eux des instruments, d'autres en confectionnent avec les matériaux qu'ils trouvent dans les plantations américaines. Or, si en Afrique les tambours font partie intégrante de la vie religieuse et laïque, c'est qu'ils ont une singulière fonction de communication. En effet, ils permettent de diffuser des informations, de faire passer des messages[1] qui peuvent être entendus à plusieurs kilomètres et relayés de village en village ; les informations sont alors transportées très loin. Ainsi la population est-elle prévenue d'un danger, d'un drame... Les rythmes - joués « à l'oreille » - sont des mots musicaux qui rapportent des nouvelles. Il y a différentes façons d'utiliser un tambour selon le message que l'on veut faire passer ; ainsi les rythmes diffèrent-ils en fonction de l'information. Entre autres, les sons des percussions reproduisent phonétiquement les mots. Et c'est pour cela que la rythmique africaine est si riche et si complexe. C'est aussi pour cela que les Africains ont souvent un sens inné du rythme car il fait partie de la communication orale et vitale. Les oreilles des hommes de culture orale sont sensibles et entraînées. Elles sont capables de repérer les sons et de décoder le message. Le rythme est un langage[2]. Dans son poème intitulé « Danse Africaine, » *Langston Hughes* (1901-1967) décrira le profond battement des tamtams, le lent battement des tamtams, profond et lent, lent et profond qui vivifie le sang...[3]

Or, dans les plantations américaines, la richesse de cette communication rythmique est de fait interrompue par la privation de liberté. Les besoins de transmettre l'information par l'intermédiaire des tambours n'ont théoriquement plus lieu d'être. Pourtant les messages continuent de circuler. Il va sans dire que les maîtres ignorent tout de cette sophistication « musico verbale ». Les captifs africains des nouvelles colonies vont vite comprendre qu'ils peuvent utiliser ce moyen de communication pour s'opposer à l'esclavage, fomenter des révoltes, organiser des fuites... Les tambours deviennent alors un puissant vecteur de résistance à l'oppression ; ils sont les cœurs battants de la communauté esclave.

Pourtant les Blancs finissent par comprendre le lien entre les tambours, les messages envoyés et la résistance[4]. Suite au soulèvement d'esclaves appelé « Révolte de Stono » qui a lieu en Caroline du Sud le 9 septembre 1739, cet Etat ainsi que ceux de Caroline du Nord et de Virginie promulguent des lois interdisant aux captifs de posséder des tambours ou des tam-tams ou d'en fabriquer car considérés comme des instruments de rébellion[5].

Cependant les Noirs ne baissent pas les bras. Cette interdiction leur prouve que la technique est efficace... Et puis ils refusent de renoncer à leurs traditions rythmiques. Certains bravent alors la loi en conservant ces instruments[6]. D'autres créent des objets de substitution[7] de manière très discrète, bien entendu… Mais surtout, les captifs utilisent leurs pieds et leurs mains pour marquer le rythme. Ainsi adaptent-ils leurs coutumes en les réinterprétant pour leur permettre de survivre dans ce contexte de captivité.

Les chants de travail ou work songs ne sont pas en reste pour tenter de contrecarrer l'institution de l'esclavage[8]. Ces chants, que les maîtres encouragent pour renforcer la cadence au travail, sont rapidement utilisés par les captifs pour faire passer des messages qu'eux seuls comprennent. Les phrases en trompe l'œil informent les frères à la barbe des Blancs. Pour ce faire, ils utilisent deux éléments principaux : des mots et expressions codés et l'intonation. En ce qui concerne les mots, nous savons que les sens peuvent être changés, ou inversés. Des jeux de mots sont également utilisés comme dans le chant[9] qui fait allusion au pasteur *Nat Turner* dans l'expression « not turn her » phonétiquement approchante ; ici le sens de la phrase n'a pas d'intérêt en soi, seule importe la consonance qui rappelle le nom de celui qui fit trembler les Etats du sud. Cette allusion à Turner indique généralement qu'une révolte est imminente ou en cours de préparation. En effet, Nat Turner - pasteur dans la communauté esclave - avait, en 1831, organisé un soulèvement qui terrorisa le Sud. Armés de haches et d'épées, les captifs assassinèrent près de 60 Blancs, ce qui engendra hystérie et effroi dans la communauté américaine blanche pendant très longtemps. Pour les esclaves, Turner est par conséquent un héro et toujours une menace dans les esprits des maîtres.

De même, lorsque le chant intitulé *Steal away to Jesus* / « S'enfuir vers Jésus » est entonné au travail, cela signifie qu'un rassemblement chrétien aura lieu en secret des Blancs suite à une interdiction de réunion religieuse, ou bien qu'une réelle évasion doit avoir lieu, *Jesus* étant un nom codé qui signifie « liberté[10]. »

Le chant codé *Follow the drinking gourd* / « Suis la gourde, » indique l'itinéraire que doivent emprunter les esclaves en fuite pour gagner le Nord du pays et notamment la ville de Chicago dans l'Etat de l'Illinois. « Gourde » est le mot crypté désignant l'étoile polaire, repère essentiel pour se diriger vers le Nord. « Suis la gourde quand le soleil revient et que la première caille chante ; suis la gourde. Car le vieil homme attend pour t'amener vers la liberté si tu suis la gourde (…) » - *le vieil homme* fait probablement référence à une personne abolitionniste qui est là pour aider le fuyard. « Le long de la rivière est un chemin parfait » - il s'agit sûrement de la rivière Ohio. « Les arbres morts te montreront la direction (…)[11]. »

L'intonation des chants peut également porter des messages en transmettant des émotions qui ont un sens particulier pour les frères de captivité. Des paroles déclamées sur un ton de colère peuvent signifier qu'un événement violent se prépare comme une révolte, un ton doux et tendre peut vouloir dire que la fuite d'une captive avec son enfant est en cours de préparation, un chant de lamentation évoque une mort ou une séparation. Dans les plantations, chaque homme a son propre « cri », une façon de chanter qui lui est propre et par laquelle on le reconnaît, nous y reviendrons.

Après le travail les captifs chantent encore. Les chants entonnés dans le contexte du repos expriment leurs vrais sentiments car les maîtres ne sont pas à proximité, ainsi les esclaves peuvent-ils enfin être eux-mêmes. Ces chansons ont des fonctions très profondes. Une fonction mémorielle tout d'abord car ils permettent de se rappeler l'Afrique, la garder présente, vivante, et même si les maîtres les en empêchent, dans les cases, ils peuvent retrouver les souvenirs de la terre natale ou ce que leur en ont raconté les anciens. Toujours selon ce désir vital de maintenir un lien avec le passé et les racines.

Les chants dans le repos ont une fonction de réhumanisation. Dans la déshumanisation voulue par le système esclavagiste, la voix représente la liberté, les maîtres ne peuvent pas déposséder les esclaves de leurs voix. C'est à travers le chant qu'ils peuvent s'affirmer en tant qu'êtres humains. Il en va de même pour la danse et le corps[12]. En effet, la danse représente un immense espace de liberté. Quand ils sont loin des Blancs, les captifs jouissent de la danse et du rythme, que personne ne peut leur enlever. Ils se réapproprient leur humanité en dansant et chantant sur des rythmes de résistance… Chanter, danser et jouer de la musique dans un tel contexte représentent alors de réels engagements pour la vie et la liberté.

Certains de ces chants transpirent la vengeance. Nous avons vu que souvent les captifs y critiquent le système esclavagiste ; ou bien se vengent-ils en se moquant des maîtres. Cette satire sociale, ces critiques de l'autorité omnipotente affirment la personnalité des captifs. Juger les esclavagistes censés être tout-puissants procure aux esclaves une liberté virtuelle. Une de leurs chansons affirme que les maîtres sont pingres, qu'ils gardent le meilleur de la nourriture pour leur famille et donnent les restes aux esclaves :

We raise de wheat, / On fait pousser le blé,
Dey gib us de corn ; / Ils nous donnent le maïs ;
We bake de bread, / On fait cuire le pain, Ils nous donnent la croûte ;
Dey gib us de crust[13];

Le chant suivant explique que les esclaves n'en peuvent plus de certains mets que les maîtres leur donnent

matin et soir et notamment les restes qu'ils ne mangent pas et distribuent aux captifs qui appellent cette nourriture *juba*[14], d'où ce chant satirique:
Juba this and Juba that Juba killed a yella' cat (...) / Juba up, Juba down, Juba all around the town. Juba for Ma, Juba for Pa. Juba for your brother-in-law - que l'on peut traduire par « Juba par-ci et Juba par-là, Juba a tué un chat jaune / Juba en haut, Juba en bas, Juba dans toute la ville. Juba pour Maman, Juba pour Papa. Juba pour votre beau-frère[15]. »

Dans un autre morceau, les esclaves s'en donnent à cœur joie en chantant « Les Noirs ramassent le coton et les Blancs ramassent l'argent. » / *The black folks make the cotton And the white folks get the money*[16].

Nous savons que les captifs ont parfois l'occasion d'assister à des fêtes organisées par les Blancs, soit en tant que serviteurs ou employés de maison, soit pour animer ces réceptions en chantant ou jouant de la musique. Ils ont ainsi tout le loisir d'observer les maîtres et leurs manières de se conduire, de danser les valses, les menuets,... pour ensuite les imiter lorsqu'ils ont regagné leurs cases. Comme ils trouvent les Blancs maniérés, ils caricaturent leur gestuelle en se moquant. D'autre part, les maîtres regardent souvent les esclaves danser, et ils apprécient tout spécialement une chorégraphie que les Noirs nomment *cakewalk* ou la « danse du gâteau, » exécutée dans des rondes majestueuses, sur une musique au rythme syncopé - la syncope étant un processus rythmique pratiqué en Afrique dans la musique jouée par les tambours et qui, bien entendu, se retrouve dans la communauté des esclaves américains[17]. Le cakewalk est une extraordinaire parodie de l'attitude des maîtres, mais en les regardant danser, les planteurs comprennent-ils que les esclaves se moquent d'eux ? A la fin du spectacle, les Blancs récompensent les meilleurs danseurs en leur offrant un gâteau... d'où le nom « danse du gâteau[18]. » Les cakewalks inspireront de nombreux musiciens durant la période post-esclavagiste.

Les chants de contestation ou *protest songs* ne sont donc pas nés spontanément dans les années 1955-1960 aux USA - période du militantisme des Noirs pour acquérir les droits civiques. Durant l'esclavage, l'esprit d'insoumission et de révolte habite les plantations et teinte, en filigrane, la musique des captifs. Dans ce contexte, la motivation des esclaves est probablement tout aussi forte que celle des militants des années 60. Ce chant l'atteste :

Arise ! Arise ! Shake off your chains /
Your cause is just so Heaven ordains
To you shall Freedom be proclaimed
Raise your arms & bare your breasts,
Almighty God will do the rest.
Blow the clarion ! a warlike blast !
Call every Negro from his task !
Wrest the scourge from Buchra's hand,
And drive each tyrant from the land[19]. Levez-vous ! Levez-vous ! Secouez vos chaînes / Votre cause est juste ainsi le Ciel ordonne la proclamation de la Liberté, (...) Levez les bras, Sonnez du clairon ! Un coup guerrier ! Appelez chaque Noir à faire son devoir (...) Et chassez chaque tyran du pays.

Les enfants font également passer des messages de résistance dans leurs chansons, messages probablement entendus chez les adultes. Lorsqu'ils s'amusent ensemble, les jeunes se plaisent à juger les Blancs qu'ils critiquent parfois très sévèrement comme dans ce chant :

My old mistress promised me,
Before she dies she would set me free.
Now she's dead and gone to hell,
I hope the devil will burn her well[20]. / « Ma vieille maîtresse m'a promis de me libérer avant sa mort. Elle est

morte à présent et est allée en enfer, j'espère que le diable la fera rôtir. »

Le chant des esclaves d'Amérique dans un contexte religieux.

Avec le Grand Réveil, nous savons que les esclaves adhèrent à la chrétienté qui leur est apportée par ces Américains d'origine européenne qui sont, en quelque sorte, soulagés de voir les captifs se plier à leur religion. En effet, ils le ressentent comme un signe de soumission à leurs valeurs. En outre, la nouvelle « culture » des esclaves s'affiche plus « civilisée », moins africaine, moins « sauvage » et donc moins menaçante pour les Blancs[1]. Les maîtres encouragent par conséquent leurs esclaves dans cette voie.

Pourtant les Blancs ont peut-être tort de se sentir rassurés en pensant que les captifs vont être « anesthésiés », assagis grâce à la pratique religieuse occidentale... D'ailleurs, le fait qu'ils se séparent des Blancs pour pratiquer leur foi est éloquent. S'ils désirent ainsi se démarquer des valeurs et pratiques religieuses européennes, c'est peut-être que l'anesthésie ne fonctionne pas... Car les captifs voient dans la pratique religieuse chrétienne une formidable occasion de contrer l'institution de l'esclavage et de s'opposer à leurs maîtres. Ainsi, la culture subversive des esclaves, cette contre-culture qui a pris corps dans le domaine profane, va s'étendre au domaine spirituel.

Rappelons que sur les plantations nord-américaines, la religion représente un espace de liberté pour les esclaves : ils se rassemblent, prient, dansent... Et c'est dans ce contexte qu'un fait *majeur* intervient : certains d'entre eux étudient la bible et l'enseignent à leurs frères. Une instruction religieuse leur a été prodiguée par les missionnaires chrétiens, nous l'avons dit, mais l'étude biblique faite par des frères de couleur n'a pas la même teneur. C'est un enseignement orienté vers la libération de l'oppression et tout particulièrement avec le passage de l'Ancien Testament qui va irrémédiablement transformer la vie et la conduite d'une large partie du peuple noir américain, celui où Moïse délivre son peuple de l'esclavage et de la tyrannie des Egyptiens. Lorsque les captifs ont vent de l'Ancien Testament et de l'asservissement que le peuple juif y subit, ils ne peuvent que se reconnaître dans sa souffrance face à l'oppresseur. Cette similitude entre ces deux destins donne une impulsion au peuple africain captif qui, à partir de là, va véritablement prendre son destin en main… Il vit dès lors entre l'espérance en la justice divine et l'espoir que l'histoire de la libération des Hébreux se répète … dans leur communauté. Si Dieu, par l'intermédiaire de Moïse, a libéré le peuple juif du joug tyrannique des Egyptiens, pourquoi ne libèrerait-il pas les esclaves des plantations américaines ? L'analogie entre la souffrance du peuple hébreux et celle des esclaves afro-américains est bel et bien un point central dans l'intérêt que ces derniers portent à la Bible et à la pratique de la religion chrétienne. Et même si les maîtres leur disent que l'esclavage est bon pour eux, les esclaves se demandent si Dieu ne serait pas du côté des captifs…

Ainsi les Blancs se sont trompés. Vraiment trompés. Les esclaves ne vont pas rester sous le joug d'une religion censée les maintenir sages et obéissants, bien au contraire, ils n'ont de cesse de s'affranchir de la captivité au nom de Dieu, s'inspirant encore et encore de l'histoire biblique…

Ce désir de libération va se réaliser grâce à la musique et la tradition orale africaine et notamment à travers une utilisation subversive des negro spirituals. Si la religion fait référence à une liberté qui ne sera atteinte qu'après la mort, les esclaves vont rapidement utiliser le chant sacré pour tenter d'atteindre une liberté bien terrestre. Puisque la musique est au centre de la vie de la communauté noire, c'est naturellement les *sperichils* que les captifs vont choisir pour véhiculer la subversion. Utilisés très habilement, les negro spirituals permettent de s'organiser concrètement et de mettre au point de réelles évasions[2], ainsi que des révoltes ; un virulent esprit de rébellion imprègne alors les rassemblements religieux. Cette puissante énergie souterraine va peu à peu miner l'institution de l'esclavage… La culture religieuse rebelle est renforcée et soutenue par les activités abolitionnistes des Etats non-esclavagistes du nord et notamment *l'Underground Railroad* - qui n'est autre qu'un réseau de chemins pédestres élaboré par les abolitionnistes dans le but de faire échapper les esclaves vers la « gloire » / *glory* mot codé signifiant la liberté[3].

Devenant, en toute logique, le rêve de chaque esclave, le thème central de nombre de spirituals est celui du désir d'une vie libre, de la fin de la sujétion. Pendant les offices religieux, les prêtres noirs chauffent la congrégation esclave en entonnant des chants qui leur disent que c'est possible… Ces hymnes ont pour objectif de stimuler la vitalité des participants et de leur faire comprendre que l'émancipation peut devenir réalité. Le célèbre chant *O Freedom* / « Oh ! Liberté » est une clef importante de compréhension de la religion afro-américaine[4] tout comme ces autres spirituals, *We'll Never Turn Back*, *Climbing Jacob's Ladder*, *Hold on*... très évocateurs de cet état d'esprit. Ainsi, une 'guerre' clandestine prend-elle racine pendant les offices religieux des Noirs…

C'est la « fonction code » des mots qui compose la trame essentielle de cette résistance. Nous savons que très tôt dans les plantations américaines, les captifs se servent de mots et de messages codés pour faire passer - selon la tradition orale africaine - des informations à leurs frères, et ce, à la barbe des planteurs… Les negro spirituals sont alors utilisés dans leur forme normale - pour ne pas alerter les maîtres qui les entendraient - mais des sens cachés, cryptés y sont insérés. Ces codes se répandent volontairement dans la communauté esclave sans que les Blancs ne le comprennent… Ainsi, lorsque qu'un hymne évoque le Jourdain / *Jordan*[5] - fleuve souvent cité dans l'Ancien Testament - il fait en fait référence à l'*Ohio*, rivière américaine qu'il faut traverser pour fuir vers les Etats du nord. Ainsi, lorsque le prêtre entonne un chant qui parle du Jourdain, les esclaves comprennent qu'une évasion est prévue, « Rivière profonde, ma demeure est au-delà du Jourdain » / *Deep river, my home is over Jordan (...)*

L'expression « Terre Promise » ou *Promised Land* évoque les Etats non-esclavagistes du nord, seuls endroits où les captifs en fuite peuvent se réfugier. Magnifiquement interprété par le groupe américain *Golden Gate Quartet* ou par *Louis Armstrong*, le spiritual *Go Down, Moses* est un morceau des plus célèbres de l'époque. *Go down, Moses. Way down in Egypt land. Tell ol' Pharoah To let my people go!* / « Descend, Moïse, jusqu'en Egypte pour dire au vieux Pharaon de laisser partir mon peuple… » Ici, « Pharaon » / *Pharoah* désigne le maître blanc ; *Moses* / « Moïse » est le nom codé de Madame *Harriet Tubman*, esclave fugitive qui s'est réfugiée dans le Nord et devient une fervente abolitionniste. Elle prend le risque de descendre des dizaines de fois dans les Etats du sud pour faire évader des frères[6] ; *Egypt land* / « l'Egypte » signifiant les Etats du sud où le peuple est captif. Ainsi, lorsque ce chant est entonné par un ou des captifs, cela signifie que Madame

Tubman doit venir et qu'une évasion se prépare... Lorsque en 1800, l'esclave *Gabriel Prosser* (1776-1800) - propriété d'un tavernier nommé *Thomas Prosser* - entend parler de la rébellion organisée par *Toussaint Louverture* à Saint Domingue en 1791, une idée germe dans son esprit : faire de même. Il en parle aux captifs qui sont autour de lui, semant ainsi un vent de révolte. Il n'hésite pas à rappeler à ceux qui l'écoutent que Toussaint Louverture était lui-même esclave. Or *Martin Prosser*, frère de Gabriel, est pasteur. Les deux frères utilisent les textes bibliques pour motiver les esclaves et les pousser à agir. Pendant les rassemblements religieux, Gabriel enseigne comment Moïse, instrument de Dieu, délivra le peuple juif de la captivité imposée par les Egyptiens. Les frères Prosser ont-ils entonné le chant *Go Down Moses* pour motiver leurs troupes ? Quoi qu'il en soit, tous suivent Prosser sur le chemin de l'insurrection[7]...

Le negro spiritual intitulé *Wade in the Water* va ainsi « Avancez dans l'eau les enfants. Avancez dans l'eau, Dieu va troubler l'eau. » (...) L'eau du Jourdain est glacée. (...) Elle glace le corps mais pas l'âme. (...) Votre délivrance est dans l'eau. (...) Tout ce dont vous avez besoin est dans l'eau (...). » Ce chant fait référence au livre de l'Exode lorsque le peuple juif s'enfuit d'Egypte ; c'est également une allusion à la piscine de Bethzatha évoqué dans le Nouveau Testament. Lorsque cet hymne est entonné dans un meeting religieux, il laisse entendre qu'un fuyard devra traverser une rivière sur son parcours vers la liberté[8]...

Le spiritual *Swing Low Sweet Chariot* évoque le réseau clandestin - Chemin de Fer Clandestin ou *Underground Railroad* - qui est au service des esclaves fugitifs : « J'ai regardé par-dessus le Jourdain et qu'est-ce que j'ai vu, une troupe d'anges derrière moi ; venus pour me ramener chez moi. (...) Si tu y arrives avant moi, dis à tous mes amis que j'arrive aussi[9]. »

Avec l'hymne *This Train is Bound for Glory* ou « Ce train est destiné à la Gloire, » les captifs parlent d'un autre train, celui de l'*Underground Railroad,* cet incroyable réseau de fuite... Ainsi - après bien des années d'hésitation - les Blancs donnent aux esclaves la religion chrétienne afin de les canaliser et de les maintenir sur le bon chemin, ils n'ont pas envisagé une seconde que ce « chemin » conduirait de nombreux captifs loin, bien loin des plantations du sud...

LA MUSIQUE, DISTRACTION DANS LA SEGREGATION

En 1865, la guerre de Sécession s'achève avec la victoire des Etats du nord sur les Etats esclavagistes du sud. Le XIIIème amendement de la Constitution des Etats-Unis d'Amérique abolit définitivement l'esclavage sur le territoire américain. Près de quatre millions de captifs sont libérés. La société américaine - blanche ou noire - en est fortement impactée. D'importants changements ont lieu, particulièrement dans les Etats du sud.

La période qui suit l'émancipation des esclaves se nomme *Reconstruction*. La reconstruction urbaine du sud des Etats-Unis est enclenchée suite aux dégâts engendrés par cette guerre, ainsi que la reconstruction d'une économie et d'une politique affaiblies par le conflit ; il est également question de donner, aux Américains noirs fraîchement émancipés, l'accès à l'éducation, à l'emploi...
En réalité, cette époque est plus que chaotique au nord comme au sud. Les Noirs ne sont plus esclaves mais leur liberté s'exprime dans une grande confusion. Quelques promesses les ont tout d'abord rendus optimistes quant à leur avenir. Ainsi une loi prévoit-elle de leur léguer un lopin de terre et une mule[1] mais cela ne se met pas véritablement en place. Il y a quelques avancées comme la scolarisation des enfants noirs ou le droit de vote dans certains Etats... Cependant, ces libertés nouvellement acquises dérangent l'ancien sud esclavagiste et ne vont pas durer. En outre, des organisations comme le *Ku Klux Klan* ou « les Chevaliers du Camélia Blanc » / *Knights of the White Camelia* se chargent de dissuader les Américains noirs d'exercer leurs droits.

Très rapidement, le Sud installe un système de ségrégation qui remplace « avantageusement » celui de l'esclavage. N'oublions pas que les Blancs du sud sont ceux qui étaient contre la libération des esclaves et donc ceux qui ont perdu la guerre contre les Yankees du nord. Une ségrégation à deux faces s'enclenche alors : larvée, qui va prendre bien des formes et dans bien des domaines de la société, ou violente, voire très violente avec les lynchages ou bien la diffusion de thèses « scientifiques » qui tentent de prouver - tout comme à l'époque de l'esclavage - que les Américains d'origine africaine ne sont pas des êtres humains, qu'ils sont inférieurs aux Blancs. Peu à peu, la ségrégation insidieuse s'accentue et devient légale - et ce dans tous les domaines de la vie publique. Des Lois sont alors promulguées dans l'objectif de séparer les Noirs américains du reste de la société. Ces lois, appelées *Jim Crow*, sévissent essentiellement dans les Etats du sud ; elles veulent limiter les droits des Noirs et restreindre la visibilité de ces nouveaux citoyens. Avant leur émancipation, on disait des esclaves qu'ils étaient Américains car propriétés des planteurs américains et paradoxalement, ils avaient une place en tant qu'esclave ; mais une fois libérés, ils ne sont pas considérés comme des citoyens américains. Après la Reconstruction, les Africains-Américains n'ont plus de place dans la société américaine, ils n'existent pas en tant que citoyens. Au fil des ans, un nouveau concept apparaît en tout légalité, celui du « séparés mais égaux[2]. » Les lois légalisent alors la ségrégation et créent deux sociétés bien distinctes : les Blancs d'un côté, les Noirs de l'autre. Or, si, dans cette société américaine du sud, les Noirs sont bel et bien séparés des Blancs, ils ne leur sont en rien égaux.

Ainsi, la période qui suit l'émancipation s'avère désastreuse pour beaucoup de Noirs américains, à tous les niveaux. Ils sont impuissants face à cette chape de plomb que représente la ségrégation légale. La majorité d'entre eux expérimente le rejet, le chômage, l'aliénation totale de la société américaine blanche… Ils évoluent dans une grande pauvreté.

Cette situation violente débouche également sur une ségrégation entre Noirs. Car s'il y a deux Amériques -

l'une Blanche et l'autre Noire - il y a également des différences marquées au sein de la société noire américaine et notamment entre les Noirs défavorisés et les Créoles ou métisses³. Les Créoles - de pères blancs la plupart du temps - ont la peau claire, et tiennent souvent à se distinguer des Noirs de la classe pauvre. Raffinés, éduqués et par conséquent mieux classés sur l'échelle sociale, ils forment une classe moyenne et parfois supérieure. Ils désirent être proches des Blancs, les imitent, s'en rapprochent autant que faire se peut. Leur comportement est lié à l'idée récurrente de la « supériorité du Blanc. » En conséquence, ils développent fréquemment une attitude « anti-Noirs » débouchant parfois sur le mépris des classes noires inférieures. Ils rejettent leurs traditions parce qu'elles les ramènent à des origines qui, selon eux, ne sont pas valorisantes.

Dans un tel contexte, trois réactions principales se rencontrent au sein de la communauté afro-américaine. Certains se résignent à la ségrégation. En effet, des Noirs influents comme *Booker T. Washington* sont adeptes du « laissez faire » et sombrent dans l'acceptation des inégalités. D'autres, comme *Marcus Garvey* prônent le retour en Afrique. Il propose d'abandonner cette terre hostile et injuste qu'est l'Amérique et de s'établir sur la terre d'origine - attitude qui engendrera le vaste mouvement *Back to Africa* / « Retour en Afrique. » D'autres encore optent pour la résistance et la contestation légale comme, plus tard, le pasteur chrétien *Martin Luther King*. Ce sont essentiellement les Noirs américains éduqués et aisés qui vont utiliser la loi pour dénoncer la ségrégation. Quant au peuple, il doit trouver, au quotidien, la force de surmonter les épreuves. Il est important - comme à l'époque de la captivité - de continuer à faire vivre la culture africaine et afro-américaine qui reste plus que jamais une culture de survie… La tradition orale étant le fondement de cette culture, les Noirs américains s'accrochent à tout ce qui s'y rattache et que personne ne peut leur ravir : le chant, le rythme, le corps, la danse … C'est à travers la musique que ces Américains vont tenter, volontairement ou non, de sortir de leur invisibilité…

Tout comme le phénomène de l'esclavage avait eu un impact capital sur la musique de la communauté africaine des colonies britanniques du Nouveau Monde, le phénomène historique que représente la libération de millions d'esclaves va façonner et transformer la musique noire américaine. La création musicale afro-américaine évolue plus que jamais après 1865, en fonction des événements politiques et sociaux.

La musique profane.

Le blues.

Après leur affranchissement, un certain nombre de Noirs du sud continuent de travailler la terre dans des fermes, des plantations, des exploitations agricoles - que ce soit en restant les employés de leurs anciens maîtres, en prenant la gérance d'un lopin ou parfois en achetant une petite ferme. Leurs conditions de vie sont souvent difficiles mais ils savourent la liberté nouvellement acquise.

L'abolition de l'esclavage n'a pas fait taire les voix noires qui s'élevaient les champs de coton ou de canne à sucre. Les hommes, les femmes sont les mêmes, le travail est le même, la musique reste omniprésente ... seule la captivité a disparu. Au fil du temps se côtoient deux catégories de chants de travail : celle qui provient directement de l'esclavage, qui se transmet naturellement par la tradition orale après l'émancipation et continue d'accompagner le labeur agricole. Parfois appelés hollers ou shouts pendant l'esclavage, ces chants vont définitivement s'appeler *field hollers* ou « cris des champs », *hollers* ou *hollies* après l'émancipation des captifs. Ils font le lien entre l'esclavage et la liberté. La deuxième catégorie de chants de travail, aussi appelés hollers, concerne des chansons nouvellement créées, inventées par les ouvriers au fil des états d'âme... Ces compositions musicales sont également improvisées, spontanées - deux caractéristiques directement issues de la tradition orale africaine et africaine-américaine.

Comment décrire les hollers de la période post-esclavagiste ? C'est bien entendu une musique rurale, une musique de la terre. Ce style musical est chanté par des hommes essentiellement. Cependant, avec l'émancipation, le nombre des travailleurs agricoles est souvent réduit sur les exploitations ; on passe alors du groupe d'esclaves des anciennes plantations à un individu ou quelques individus bien moins nombreux qu'auparavant. La performance musicale devient alors souvent une performance individuelle - par la force des choses et contrairement à la tradition africaine. Les field hollers sont composés d'un message et d'une musique. Les paroles de ces chansons sont souvent versifiées. Les messages qu'elles véhiculent sont très personnels qui évoquent la vie, les difficultés, l'amour, une liberté parfois amère… La solitude dans le travail ajoutée aux vicissitudes de la vie donnent à cette musique une certaine mélancolie. Les hollers les plus tristes sont souvent inspirés par les chants de lamentation, ces negro spirituals qu'entonnaient les esclaves à l'église, parfois pendant ou après le travail - *lament songs* qui disent toute la fatigue et les désillusions du temps présent... La note bleue ne disparaît pas des chants de travail, bien au contraire ; elle rajoute à leur tristesse.

Comme durant l'esclavage, ces musiques des champs s'entonnent *a capella* - non accompagnées d'instrument. C'est exclusivement la voix humaine qui produit les hollers avec sa propre mobilité, sa propre capacité, sa propre tessiture. Chaque voix a ses caractéristiques particulières - aiguë, voilée, déchirante, profonde,… Chaque homme a son propre cri et sa propre façon de chanter. L'état d'esprit de l'interprète transparaît dans sa voix et module sa façon de s'exprimer. Ainsi, dans les fermes, chaque travailleur entonne des airs différents, avec des cris personnels, des plaintes distinctes. Il y a autant de style de hollers que de chanteurs. Cette musique est naturelle, viscérale ; elle ne provient pas d'un apprentissage musical mais du fin fond des entrailles. C'est la voix et les tripes qui génèrent ce chant. Le style est informel ; il n'existe pas de 'méthode' pour apprendre à chanter les hollers. Ces cris, ces gémissements lancinants, ces murmures sauvages, tristes, parfois lugubres bourdonnent dans tout le vieux Sud américain. Et les hommes se répondent d'un endroit à un autre, rompant ainsi la solitude d'un travail monotone et harassant.

C'est vers l'année 1870 que les Américains noirs empruntent le mot « blues » au vocabulaire américain - l'expression anglaise *to have the blues* signifiant « être triste, avoir le cafard. » Trouvant que le mot blues correspond bien au style musical de leurs chants de travail, les anciens esclaves commencent à l'utiliser pour désigner leurs chansons. Le mot *holler* est alors progressivement remplacé par le mot *blues*[1]. Ainsi la musique blues n'est autre que ces chants de travail datant de l'esclavage ou postérieurs à l'esclavage, ancrée dans un espace géographique précis et restreint : les Etats américains du sud, dans une communauté restreinte, celles des agriculteurs noirs. Les field hollers représentent la forme la plus primitive du blues. Aussi est-il est clair que la musique blues est un pur produit de l'histoire noire américaine car elle n'aurait certainement pas existé sans les esclaves des plantations du vieux sud.

Ce blues est également appelé blues des campagnes, vieux blues, blues des origines, blues primaire, primitif ou *early blues*. C'est une musique vraiment « noire », directement connectée à l'Afrique et à l'expérience des Noirs américains. Une musique vraiment noire car après l'émancipation, les joueurs de blues - les bluesmen - débarrassent cette musique des éléments européens avec lesquels avaient été en contact les esclaves. La liberté nouvellement acquise s'infiltre dans les chansons, les mots, l'accent, les paroles qui ne sont plus sous le contrôle des maîtres blancs. C'est l'âme des Noirs américains qui s'exprime très librement dans la musique blues.

Le blues a plusieurs fonctions. D'une part, comme pendant l'esclavage, cette musique - ainsi que la culture - africaine-américaine joue un rôle de stimulant psychologique : chanter pour tenir coûte que coûte dans les difficultés ; ne pas fléchir dans les vicissitudes car la situation post-émancipation n'est que la continuation du passé esclavagiste. D'autre part, le blues est un chant fonctionnel solidement enraciné dans la tradition orale et musicale africaine. Son objectif principal est de dire, de raconter ; nous savons que c'est une musique très personnelle, intime qui relate la vie d'un individu. Ces chants ne sont autres que du folklore, dans le sens où ils tirent leur substance de l'existence même des personnes qui les entonnent. Le blues est l'expression de l'expérience du peuple noir américain, esclave ou libre - expérience personnelle enracinée dans l'histoire collective d'un peuple.

Dans un contexte différent, les chants entonnés par les prisonniers noirs américains représentent également le terreau du blues. Privés de liberté, enchaînés les uns aux autres, les détenus chantent en rythme pour se soutenir et maintenir la cadence d'un travail épuisant. Dans les années 1890, les Etats-Unis d'Amérique entreprennent un programme de construction de routes et de voies ferrées. Ce sont les prisonniers américains qui construisent ces chemins en cassant la roche, piochant, déblayant... Ils creusent également des fossés ou des mines, déboisent,... Ces groupes d'hommes se nomment *chain gangs* et chantent les anciens chants de travail des esclaves transmis, nous l'avons dit, de génération en génération. Ils reprennent aussi des negro spirituals ou des chansons moins anciennes. Le morceau *Lightning - Long John,* alors très populaire dans le milieu carcéral, est lancinant, régulier, scandé par les bruits des pics et des pioches. Ici, comme souvent, un leader donne le rythme sous la forme de call and response, sa voix lance une phrase et le groupe lui répond en répétant cette phrase. Le texte fait référence aux souffrances de Jésus Christ : « Si un homme meurt, Il vivra à nouveau. Il ont crucifié Jésus et l'ont cloué sur la croix. Sœur Marie pleura, 'Mon enfant est perdu !' » Le titre *Chain gang* interprété notamment par *Otis Redding* sur un rythme très scandé, donne une idée claire de ce que sont ces chants de prisonniers : un moyen d'extérioriser sa peine ou sa lassitude et de se projeter dans une vie de liberté. Ces chansons évoquent souvent la vie « d'avant », une région, une famille, une femme... Des souvenirs qui leur permettent de continuer à avancer... Avec les hollers, ces chants de prisonniers *sont* le blues.

Evolution du blues originel en diverses formes de blues.

L'émancipation des esclaves et les graves problèmes sociaux qui en découlent ont d'importantes répercussions sur la musique blues. Deux éléments principaux vont la faire évoluer - le temps libre et la migration. En effet, une fois émancipés, les travailleurs noirs ont davantage de temps libre que durant l'esclavage. C'est cet espace de liberté qui contribue à l'évolution de cette musique. Car pendant leurs moments de loisirs, les Noirs chantent le blues et certains tentent d'améliorer leur technique musicale, de travailler ces chants... Le blues prend alors une tournure moins spontanée, moins naturelle, moins viscérale et devient plus ou moins standardisé, formel. En outre, le phénomène de la migration participe grandement à l'évolution de la musique blues. En effet, l'affranchissement des esclaves leur permet un déplacement spatial interdit jusqu'alors. Pour beaucoup de Noirs, liberté se conjugue avec mobilité. Cette indépendance nouvelle engendre une vague migratoire, une véritable décentralisation de cette population, qui va impacter la musique.

Le country blues.

Une migration s'effectue à travers le Sud. La majorité des anciens esclaves choisit de rester dans le Sud des Etats-Unis par attachement, par peur de l'inconnu, ou pour d'autres raisons. Néanmoins, sans quitter cette région, une bonne partie d'entre eux émigre dans d'autres villes ou d'autres Etats du sud. La communauté noire, qui avait été regroupée jusqu'à présent, s'éparpille. Un phénomène d'itinérance se développe alors pour le plaisir ou par nécessité. Beaucoup d'Afro-Américains s'en vont travailler de fermes en fermes ou de villes en villes pour jouir de la liberté retrouvée. D'autres partent chercher du travail à tout prix car très touchés par le chômage et la pauvreté. Parmi ces Noirs itinérants, il y a de nombreux musiciens. Or, la seule opportunité pour eux de gagner de l'argent réside dans la musique. Ainsi chanter va rapidement devenir un métier. C'est la naissance du musicien professionnel. Les faits historiques, la situation sociale engendrent cette conséquence inattendue : le blues se vend. Les Africains-Américains font alors leur entrée dans le show-business. Quelques dizaines d'années avant le début du $20^{\text{ème}}$ siècle, les hollers, ce blues chanté dans les champs ou pour un entourage limité après le travail, devient une musique rémunérée. Les talents musicaux se monnaient par nécessité. Ces musiciens itinérants sont appelés les chanteurs de *country blues* ou *country blues singers*. Ce sont des hommes pour la plupart - mis à part quelques exceptions - car ils voyagent beaucoup et loin, situation peu commode pour des femmes à l'époque. Ils deviennent le symbole suprême de la liberté.

En allant de ville en ville et en se produisant devant un public, des centaines de musiciens noirs répandent le blues. Cette mobilité marque le développement de la musique profane souvent au détriment de la musique religieuse ... car ils chantent dans des saloons, des clubs, des bars et des maisons closes. La « musique du diable » se propage. Cela représente un changement notoire dans la communauté noire américaine.

Ainsi, l'objectif est-il de plaire au public des villes qui découvre cette musique. Les artistes doivent susciter l'engouement afin de bien gagner leur vie. Alors les musiciens adaptent le vieux blues aux goûts des citadins - noirs pour la plupart. Quels sont les points d'évolution du blues originel en country blues ? En premier lieu, les premiers chanteurs de country blues se produisent généralement seuls sur scène, or le solo ne vient pas vraiment de l'héritage musical africain mais plutôt de l'occident. En outre, les cris et plaintes des hollers - ces voix humaines difficilement imitables - vont être reproduits sur des guitares, par des guitares, en utilisant le quart de ton qui imite la voix. L'instrument devient alors une extension de la voix humaine, il crie, pleure, gémit. Le son de la voix reste bien présent dans cette musique blues mais souvent, c'est l'instrument qui l'émet. D'autre part, comme nous l'avons dit, des changements interviennent au niveau de la spontanéité et de l'improvisation. Les musiciens de country blues composent généralement les paroles et la musique de leurs chansons ; ils préparent leurs spectacles et la spontanéité des hollers en provenance directe de la tradition orale africaine est mise à mal. Cette musique se normalise. Cependant, sur scène, de formidables improvisations musicales relieront quand même ce style de blues au blues originel et à la culture orale africaine. De plus, les paroles des chansons ne relatent plus la vie et les épreuves d'une communauté mais mettent en exergue le chanteur en tant qu'individu, ses succès et ses échecs,... Un individualisme musical voit le jour, de même que l'assertion de l'ego du bluesman. En effet, dans certains blues, l'interprète relate ses aventures, les choses qu'il a vécues et qui sortent parfois de l'ordinaire... Ici alors celui qui chante est plus Américain qu'Africain-Américain car raconter la vie d'un héro, ses exploits, ses succès fait plutôt partie du concept occidental de la vie d'un homme. D'autre part, avec leur libération, les Noirs doivent faire face à une multitude d'ennuis inconnus jusqu'alors comme la recherche d'un travail, de logement, et … la ségrégation. Les paroles du country blues reflètent ces problèmes sociaux nouveaux issus du système ségrégatif. Avec l'acquisition de la liberté, le thème récurent de l'Afrique est remplacé par le désir de vivre en véritables citoyens américains comme dans la chanson qui dit « Le soleil brillera pour moi un jour » / *The sun is gonna shine in my backdoor someday.* Et puis, le modeste vocabulaire utilisé dans les chants de travail, les hollers, les shouts évolue forcément dans le country blues afin d'exprimer des situations nouvelles, des expériences inconnues, des notions plus vastes...

D'un point de vue purement musical, la structure des chants est modifiée. La construction originale du holler ou du blues primitif se faisait en 3 mesures avec peu d'accords. Or, dès le début du $20^{\text{ème}}$ siècle, le blues adopte une structure de 12 mesures et de 3 vers construit sous la forme AAB. Souvent, un court solo instrumental termine chaque vers. En voici un exemple avec *Crossroad Blues* interprété par *Robert Johnson* :

A - I went to the crossroad, fell down on my knees
A - I went to the crossroad, fell down on my knees

B - *Asked the Lord above, « Have mercy, now, save poor Bob if you please. »*
(...)
A - *You can run, You can run, tell my friend Willie Brown*
A - *You can run, You can run, tell my friend Willie Brown*
B - *That I got the crossroad blues this mornin', Lord, baby, I'm sinking down,*
dont voici une traduction française : « Je suis allé jusqu'à la croisée des chemins et suis tombé à genoux. J'ai demandé au Dieu du Ciel, 'Aies pitié, s'il te plaît sauve ce pauvre Bob.' Tu peux courir dire à mon ami Willie Brown que j'ai eu le blues de la croisée des chemins ce matin, Seigneur, je sombre. »

Certains de ces musiciens nomades deviennent très célèbres en raison de leur excellent niveau musical et de leur véritable talent. Le public est enthousiaste. Ces artistes proviennent de régions différentes et jouent des styles de country blues différents. Ils sont par conséquent à l'origine de blues régionaux comme le Texas blues, le Mississippi blues ou Delta blues, le Bentonia blues, le Memphis blues... Le chanteur et guitariste nommé *Leadbelly* ou *Lead Belly* (1888 ?-1949) commence sa carrière en tant que musicien itinérant. Durant ses spectacles, il reprend de temps à autre le chant de travail intitulé *Pick a Bale of Cotton*[1] qui sera chanté par bien d'autres artistes dont le groupe suédois *Abba*. En 1939, il sort un album de blues intitulé *Negro Sinful Songs* ou « Scandaleuses chansons noires » sur lequel est gravé le célèbre titre *Black Betty* qui est un ancien chant de travail et avait été chanté en 1933 par *James 'Iron Head' Baker* : *Whoa, Black Betty, Bam ba lam ; Whoa, Black Betty, Bam ba lam ; Black Betty had a Child, Bam ba lam ; The damn thing gone wild, Bam ba lam (...).* Cette chanson sera reprise de nombreuses fois et notamment en 1977 par le groupe *Ram Jam* qui remportera un succès mondial. Un autre excellent musicien, *Henry Stuckey* (1898 ? -1966), joue de bars en bars dans le Mississippi pour gagner de l'argent. Malheureusement sa musique n'a jamais été enregistrée.

Dans les années 1920, *Skip James* (1902-1969) écrit le morceau *Devil Got My Woman* ou « Le diable a pris ma femme, » après que son épouse l'ait quitté pour un autre homme... Puis il fait un tabac avec, entre autres morceaux, sa chanson *Hard Time Killin'Floor Blues* qui décrit la grande Dépression américaine de 1929, « Les temps sont durs ici et où que vous alliez, les temps sont difficiles comme jamais auparavant, (...) pour sûr Seigneur, ces temps difficiles vont vous tuer (...)»

Surnommé « le Roi du Delta blues », *Robert Johnson* (1911-1938) voit le jour dans l'Etat du Mississippi. Il voyage à travers le Sud des USA, et, de ville en ville, joue dans des clubs. En 1936, il compose la fameuse chanson *Sweet Home Chicago*, qui dit *Oh Baby, don't you want to go, Oh Baby, don't you want to go, Back to the land of California To my sweet home Chicago (...)* et qui peut se traduire « Oh Baby, ne veux-tu pas aller dans ma chère petite ville de Chicago. »

Dans le monde musical du country blues, une grande proportion des chanteurs est aveugle. Ne pouvant pas trouver de travail dans d'autres domaines, surtout pendant la Dépression, ils deviennent musiciens « par défaut.» *Blind Lemon Jefferson* (1890 ? -1929) est un pionnier du country blues et notamment du Texas blues. Il fait des tournées itinérantes avec Leadbelly. Blind Lemon Jefferson devient très populaire dans les années 1920 et est l'un des premiers à enregistrer ses morceaux. Dans *Long Lonesome Blues* (1926), il déclame :

I walked from Dallas, I walked to Wichita Falls

> *I say, I walked from Dallas, I walked to Wichita Falls*
> *Hadn't have lost my sugar, just wasn't gonna walk at all.*

qui peut se traduire « J'ai marché de Dallas à Wichita Falls ; Je dis, j'ai marché de Dallas à Wichita Falls ; Si je n'avais pas perdu ma douceur, je n'aurais pas marché du tout. »

Ces musiciens aveugles ont généralement beaucoup de talent, une oreille fine, des techniques musicales peaufinées, imbibées de la tradition orale afro-américaine. Ils gagnent ainsi en notoriété et respect dans le monde des musiciens. *Ray Charles* en sera, plus tard, un exemple représentatif. Les bluesmen aveugles symbolisent, en quelque sorte, la vie difficile et les épreuves qu'endure le peuple noir américain.

Le cirque noir et le classic blues.

Des spectacles professionnels de troubadours blancs ou *White Minstrel Shows* voit le jour dès le début du 19ème siècle. Il s'agit de spectacles de cirque, de représentations théâtrales, sur fond de musique et de danse où les Américains blancs se plaisent à caricaturer les esclaves. Ce fait nouveau devient un véritable phénomène de société. Les Blancs intègrent à leurs shows des scènes où ils singent les Noirs, ou ce qu'ils croient être les Noirs, afin d'amuser le public blanc. Ces caricatures sont le clou des spectacles. Elles se déroulent à deux niveaux. D'une part, les acteurs caricaturent le physique des Noirs en se peignant le visage en noir ; on appelle ces spectacles les *Black Faces* / « Visages Noirs. » Ils imitent la façon de parler des captifs, la manière dont ils bougent, vivent. D'autre part, ils imitent leur caractère : ils les représentent stupides et fainéants, comme des voleurs traqués par la police ou des personnes qui jettent des sorts... comme l'indique la célèbre chanson *The Traveling Coon* / « Le Nègre Itinérant.» Le mot anglais *coon* - qui signifie « raton laveur » - est un terme très désobligeant lorsqu'il s'applique aux Noirs, on peut alors le traduire par « nègre[1].» Ce terme revient très souvent dans ces spectacles de cirque. Une autre fameuse chanson de l'époque s'intitule *The Voodoo Man* / « Le Sorcier.» Elle décrit les Noirs comme étant des sorciers qui pratiquent le vaudou que les Blancs considèrent comme ridicule. C'est tout l'objectif de ces représentations : ridiculiser les Noirs qui, dans ces shows, sont toujours des personnages comiques. Ces spectacles de cirque mettent souvent en scène un Noir nommé *Jim Crow* qui donnera son nom aux lois ségrégationnistes.

Après la guerre Civile américaine ou guerre de Sécession (1861-1865) des artistes noirs itinérants reprennent pour leur propre compte cette tradition de représentations théâtrales. Accablés par le chômage après leur émancipation, nous savons que le show-business est un domaine qui leur est facilement accessible et représente pour eux l'une des premières sources d'emplois. Ces troubadours font alors des représentations de cirque sous chapiteau, jouent des pièces de théâtre, de la musique. C'est le « théâtre noir » ou « cirque noir, » encore appelé « Vaudeville » / *Black circus*, *Black minstrelsy* en anglais. Ces spectacles ont lieu à l'époque du country blues, parallèlement au country blues. Mais si les chanteurs de country blues partent souvent seuls se produire ici et là, ceux du cirque noir voyagent en groupe.

Au cours de ces tournées, les artistes vont à leur tour singer les Blancs qui singent les Noirs... Pleins d'humour, ils se caricaturent eux-mêmes comme les Blancs les caricaturent ; et même si les Noirs n'ont pas à se peindre le visage en noir comme le font les saltimbanques blancs, ils le font parfois pour obtenir une peau encore plus noire et accentuer la caricature. En usant de parodies, d'exagérations à outrance, ils se moquent des Blancs qui se moquent des Noirs - tout comme pendant l'esclavage - notamment en introduisant la danse du cakewalk, qui, nous le savons, caricature les planteurs maniérés.

Ces compagnies théâtrales, qui appartiennent parfois à des Blancs, vont de ville en ville, sillonnent les Etats du sud. Ainsi, la troupe des *Georgia Minstrels* est créée tout de suite après l'émancipation des esclaves et remporte un vif succès. Celle des *Mahara's Minstrels* est une troupe de 35 Américains, créée en 1899. *William Christopher Handy* (1873-1958) en est le chef d'orchestre pendant un temps. Compositeur et chanteur de blues, il dirige diverses formations musicales ; ses oeuvres les plus connues sont *Memphis Blues* (1912), *St Louis Blues* (1914). Il publie également des anthologies de blues. Dans le journal *Colorado Republican*[2] la troupe des Mahara's Minstrels est décrite comme « l'une des meilleures, sinon la meilleure troupe de saltimbanques d'El Paso depuis des années » - El Paso étant un comté de l'Etat du Colorado. Les Mahara's Minstrels, avec les Georgia Minstrels, et quelques autres, sont les troupes de théâtre noir les plus connues aux Etats-Unis. Un Américain nommé *Patrick Henry Chapelle* (1869-1911) fonde en 1900 une comédie musicale appelée *A Rabbit's Foot* / « Une Patte de Lapin,» qui va donner son nom à la compagnie des *Rabbit Foot Minstrels* / les « Pattes de Lapin » parfois simplement appelés les *Foots*. Cette troupe de saltimbanques sillonne les Etats du sud entre 1900 jusqu'à la fin des années 1950. Elle comprend des célébrités comme *Ma Rainey, Ida Cox, Bessie Smith* ainsi que des artistes comme *Louis Jordan et Thomas Rufus*, pionniers de la musique *Rhythm'n'Blues* - artistes dont nous reparlerons. Dès la fin du 19ème siècle, des centaines de troupes plus ou moins grandes, plus ou moins célèbres arpentent les routes américaines et remportent un franc succès auprès du public noir, surtout dans les campagnes où il n'y a pas d'autres distractions pour la population. Elles ont également un vif succès auprès de l'auditoire blanc … en dépit de la ségrégation qui sévit dans le Sud.

Lors de ces représentations, des musiciens qui lancent d'autres styles musicaux. Ainsi la musique *ragtime* est-elle introduite dans ces spectacles vers 1910. Puis une autre sorte de blues voit le jour au sein du théâtre noir, le *classic blues*. A l'instar du country blues, le classic blues[3] est une forme musicale populaire qui devient commerciale par nécessité économique. Dans ce genre musical, les artistes utilisent la musique occidentale ainsi que des instruments européens, notamment le piano. Cette acceptation de la culture et des codes blancs - sorte d'assimilation des valeurs blanches - fait parfois penser que ce style est l'antithèse du blues - même s'il garde un lien parfois ténu avec le vieux blues et la tradition orale. Les paroles du classic blues sont souvent superficielles, le fond sonore attractif dans le seul objectif de plaire au public. Un orchestre aux multiples instruments accompagne généralement le chanteur.

Les tournées du Black Circus vont marquer le point de départ de l'extension du blues. Avec ces représentations, ce style musical se répand au-delà de la communauté afro-américaine. Le classic blues a pour effet de révéler davantage la musique populaire noire américaine au public et particulièrement aux Américains blancs. Ce style musical commence à faire tomber les barrières raciales - particulièrement avec l'arrivée du phonographe et de la radio, nous le verrons. Les Blancs adoptent immédiatement le classic blues et s'en inspirent. Puis certaines troupes du Black Circus s'exportent dans d'autres pays, en Europe notamment. Le public étranger est conquis par ce genre de musique. Cependant le blues originel n'est pas exclu du théâtre noir - ce style qui fait partie intégrante de la vie et de l'histoire des Noirs, qui fait partie de leur identité, ce blues qui dit leur lassitude et qui raconte les vicissitudes de la vie et qui ne peut être jouée que par des Noirs puisque les Blancs n'en possèdent pas les clefs. Ainsi, au cours des tournées européennes du théâtre noir, le vieux blues est également présenté au public qui ignore tout ou presque de l'histoire des esclaves américains, des plantations, des chants de travail... L'aventure du blues va marquer le public au sens large.

Cette musique populaire noire américaine qu'est le classic blues a pour conséquence de développer la profession de musicien, d'artiste professionnel car de nombreux groupes se créent à cette époque, qui sillonnent les routes américaines. Ainsi les chanteurs de classic blues sont-ils légion dans le Black Circus. Et les plus célèbres sont des femmes comme le soulignent *Howard W. Odum et Guy B. Johnson* dans leur ouvrage *Negro Workaday Songs*. Car dans ces grandes troupes de théâtre itinérant, elles sont en sécurité. Dans de nombreux cas, ces chanteuses deviennent des artistes de prestige à une époque où la femme n'a de fonction que dans le cercle très restreint de la famille. Le théâtre noir leur permet de sortir du contexte habituel et routinier.

Madame *Gertrude "Ma" Rainey* (1886-1939) - célébrissime chanteuse de classic blues - voit le jour en Géorgie et commence sa carrière artistique à l'âge de 14 ans. Elle travaille dans la troupe des Rabbit Foot Minstrels des années durant et parcourt les Etats du sud. Ma Rainey est une des pionnières du blues professionnel. C'est une figure de proue de la création du classic blues. Si bien qu'on la surnomme la « Mère du blues. » Elle est également une des premières à faire des enregistrements phonographiques, chez *Paramount* en l'occurrence. Son célèbre morceau de 1924, *See See Rider Blues* sera repris entre autres par Elvis Presley. *Oh see, see see rider, Girl see, what you've done, Oh, oh, oh see see rider, See what you've done now, You've gone away and left me, Lord, now and now the blues have come, oh yes, they do (...)* Gertrude "Ma" Rainey devient une icône dans la communauté africaine-américaine et prend sous son aile la chanteuse *Bessie Smith* (1894-1937) qui deviendra également une immense vedette. Bessie Smith commence aussi le métier très jeune et connaît un formidable succès dans les années 1920. On la nomme l' « Impératrice du blues. » Sa chanson *Down Hearted Blues*, enregistrée en 1923, est un triomphe. Cette artiste est l'une des premières à être très appréciée du public blanc dans ce contexte de vive ségrégation. En l'écoutant chanter, on dit de Bessie Smith qu'elle n'est pas Américaine mais qu'elle est Noire... - un compliment en l'occurence. Car si ces artistes commercialisent cette forme de blues pour gagner leur vie, elles mettent le meilleur d'elles-mêmes dans la composition des textes, des musiques et dans leurs interprétations. Il est alors clair qu'inévitablement l'âme noire, l'âme du blues transparaît dans leurs prestations...

Mamie Smith (1883-1946) est la première femme noire a enregistrer des disques dont son premier morceau en 1920 intitulé *Crazy Blues* - premier disque de blues de l'histoire de la musique. Smith remporte un immense succès dans la communauté afro-américaine bien sûr mais aussi auprès de la communauté américaine blanche. L'artiste est surnommée la « Reine du blues. »

Madame *Ida Cox* (1896-1967) devient également une célébrité dans le monde du classic blues. Elle enregistre chez Paramount en 1923 et interprète entre autres titres *Mojo Hand*. Autre légende du classic blues, madame *Sippie Wallace* (1898-1986) qui compose la plupart de ses chansons. Elle remporte un franc succès entre 1923 et 1927 et enregistre de nombreux titres dont *Shorty George*. Bien d'autres chanteuses de classic blues comme *Clara Smith, Trixie Smith, Sarah Martin, Chippie Hill* ... ont gravé leurs voix dans le coeur de l'Amérique... Ces femmes sont emblématiques de la période du Cirque noir, elles l'ont marqué de leur talent. Sans oublier les chanteurs de classic blues comme *Big joe Williams, Sid Hemphill, Willie Nix,...* qui laissent également leurs empreintes sur ce genre musical.

Malgré son succès, cette musique est trop « connotée,» trop populaire pour certains Afro-Américains. Dans son ouvrage *Blues Legacy*, la militante *Angela Davis* explique que l'époque du classic blues correspond à celle du mouvement appelé *Harlem Renaissance*[4] ; cependant des chanteuses comme Bessie Smith ou Ida Cox sont associées à la classe noire défavorisée et donc à l'opposé de la culture raffinée du cercle de la Renaissance de Harlem ; par conséquent le classic blues n'est pas valorisé par ce mouvement.

Avec la création du phonographe par *Thomas Edison* en 1877, les voix des artistes peuvent enfin être capturées grâce à cet appareil qui grave et lit les sons de manière mécanique. Les chansons, les instruments sont alors reproduits sur des supports. Cette invention représente une véritable révolution qui aura de nombreuses conséquences. En premier lieu, elle change la vie des gens qui n'ont plus à se déplacer pour écouter de la musique ; c'est la musique qui s'invite à domicile. Les disques et le phonographe prennent, en quelque sorte, le relais des musiciens itinérants. Même au fin fond des campagnes, il y a toujours une personne qui possède un phonographe qui attire les voisins à des kilomètres à la ronde. La musique se diffuse alors largement. Plus tard, le phonographe sera remplacé par le gramophone puis viendront l'électrophone et la radio. Toutes ces inventions ont un fort impact sur la musique afro-américaine qui se fait véritablement connaître et aimer. Elles ont également des conséquences au coeur de l'Amérique blanche qui entre de fait en contact avec la culture musicale africaine-américaine. Cette diffusion à grande échelle du blues en général, et du classic blues en particulier, fissure lentement le mur de la ségrégation raciale.

Mais dans ce pays où sévit l'injustice vis à vis des Américains noirs, l'industrie du disque parle également en terme de discrimination. En effet, ce domaine est totalement sous le contrôle des Blancs. Les artistes noirs n'ont pas le droit d'enregistrer dans des maisons de disques blanches. En 1920, la compagnie *Okeh Record* est l'une des premières à accepter d'enregistrer « exceptionnellement » quelques artistes africains-américains, notamment Mammie Smith et des chanteurs et musiciens de classic blues. Or, ces enregistrements de Noirs sont exclusivement destinés à un public noir. C'est la création du disque racial ou *race record*. Ainsi un nouveau marché voit le jour, celui des consommateurs noirs. Le succès est fulgurant. De plus, ceux qui achètent cette musique apportent leur soutien financier aux artistes. L'industrie du disque racial est très lucrative. Elle devient une gigantesque entreprise. Avec son célèbre morceau *Crazy Blues*, Mamie Smith vend 8 000 disques par semaine pendant des mois ! L'industrie du disque engendre le vedettariat, autrement dit le *star system.* Nombre d'artistes afro-américains sont promus au rang de vedettes au niveau national et parfois international. Ils distillent un style musical enthousiasmant. Le blues étant diffusé à grande échelle, les chanteurs deviennent des modèles ainsi qu'une source d'inspiration pour les artistes en herbe et pour la jeunesse en général.

Cependant, la tradition orale afro-américaine, cette tradition profondément ancrée dans l'histoire du peuple noir américain, est bousculée par l'industrie musicale. Avec l'apparition du disque, la musique noire acquiert une forme de permanence qui est un véritable paradoxe dans la tradition orale. Les improvisations vocales et musicales gravées au cœur de cette tradition sont à présent gravées sur des disques ; le spontané se fige, le temps des morceaux est limité à quelques minutes. Ainsi, avec la modernité, les repères changent-ils et de nouvelles normes s'érigent dans la communauté noire d'Amérique.

Mais avec la Dépression économique de 1929, l'industrie du disque est très impactée et littéralement ruinée. Les vedettes de classic blues le sont également. Ce style musical commercial ne s'en relèvera pas. Le krach boursier perturbe ou met fin à bien des carrières…

Le blues urbain ou city blues.

Dans ce grand mouvement migratoire[1] qui suit la Reconstruction après la fin de la guerre de Sécession en 1865, une partie des Américains noirs quitte le vieux Sud des Etats-Unis pour s'établir dans les Etats du nord - ou de l'ouest - afin d'y trouver du travail. En effet, le Nord des USA incarne pour eux la Terre Promise, la véritable liberté, le travail et l'argent - l'endroit qu'il fallait absolument atteindre, pour être libre, pendant l'esclavage. Car dans le Sud, nous savons que le travail n'abonde pas ; et puis c'est une région où les Noirs ont souffert et où ils continuent de souffrir car on ne leur propose pas vraiment de place dans la société ; la ségrégation s'y enracine… D'autres partent vers le Nord par goût de l'aventure, pour sortir du périmètre qu'ils ont toujours connu et qu'ils ne pouvaient jadis quitter à cause de la captivité. Ils découvrent des villes, des Etats inconnus jusqu'alors. L'exode vers le Nord se renforce vers 1914 car là-bas les usines ont grandement besoin de main d'œuvre. C'est l'époque où l'industriel *Henry Ford* propose cinq dollars par jour pour ses ouvriers... blancs ou noirs, sans ségrégation. La nouvelle se répand jusqu'au sud tellement gangrené par le chômage. Ford devient le synonyme d'opportunité, de nouveau départ dans la société. Cette entreprise acquiert alors une aura particulière dans la communauté africaine-américaine. Et doublement car, à l'époque, Ford produit une voiture bon marché - la *Ford T Model* - la « voiture des pauvres, » celle que les Noirs et les Blancs très modestes vont pouvoir se payer. Plusieurs blues sont alors dédiés à Ford et à ses véhicules. *Roosevelt Sykes* chante le *Henry Ford Blues* en 1929. En 1937, le bluesman *Sleepy John Estes* dédie sa chanson *Poor Man's Friend* ou « L'ami du pauvre, » à la Modèle T, et les paroles vont ainsi « La T Model de chez Ford, je vous le dis, est l'ami du pauvre (...) »

Ainsi, des villes comme Détroit ou New York deviennent de gigantesques pôles urbains prêts à recevoir la migration noire américaine. Entre les deux guerres mondiales, Chicago représente une terre d'accueil pour cette population. Alors, les Afro-Américains du sud rural, candidats à l'exode, emportent leur musique et leurs traditions dans leurs valises. Exporté vers les grandes cités industrielles du nord, le blues des campagnes va s'adapter pour devenir une musique urbaine.

Cette migration de masse provoque un changement d'état d'esprit chez les Afro-Américains. En effet, la vie dans les grandes cités induit son lot de transformations sociales, psychologiques, et autres. Tout d'abord, se produit un choc des cultures en passant brutalement du sud au nord, un clash psychologique peut-on dire. Car les

Noirs américains doivent se faire à cette vie dont ils ignorent tout - tout comme leurs ancêtres durent s'adapter à la vie en Amérique et à la condition d'esclave. Débarquant de leur campagne, il y a les personnes qui se font très bien à ces nouveaux repères - trop bien parfois - en peu de temps. Un phénomène d'assimilation se met en place car il y a beaucoup de Blancs dans ces grandes villes et une partie des Africains-Américains veut leur ressembler et vivre comme eux. Parmi les Noirs qui se sont bien intégrés, qu'ils soient pauvres ou qu'ils aient socialement réussi, certains vont alors se moquer des frères qui débarquent des Etats du sud avec leur accent, leurs manières gauches, leurs coutumes... en les traitant de bouseux, de *country boys* ou de *cornbread* - en référence au pain de maïs dont les maîtres nourrissaient les esclaves. Cela va parfois jusqu'au mépris ou la honte de ces frères, et débouche sur un racisme social entre Noirs. Ces citadins africains-américains rejettent leur culture ancestrale, leurs racines africaines, l'histoire de leurs ancêtres esclaves. Ils refusent également la musique des péquenots du sud... Ils sont résolument évolués, modernes, et pour eux, le blues marque au fer rouge les basses couches sociales... C'est la musique qui vient des champs de coton, de la pauvreté, du malheur... Eux sont raffinés, bien trop délicats pour aimer ce style d'un temps révolu qui les dérange. C'est pourquoi il n'est pas permis de jouer du blues dans les classes moyennes ou supérieures afro-américaines. Aucune référence au « vieux sud » n'est tolérée. Par conséquent, pour les jeunes générations de Noirs nées dans ces couches sociales plutôt favorisées, le blues est une musique mal connue, inconnue même.

    Pourtant se tenir à l'écart des racines semble compliqué car des hordes d'Américains noirs du sud débarquent en flot continu dans les Etats du nord. Parmi eux, certains ne trouvent pas de travail, d'autres ont du mal à s'adapter à la ville ; ils se sentent nostalgiques de la vie simple du sud et mal à l'aise d'être rejetés par les frères citadins. Ainsi se regroupent-ils pour se donner du courage. Ils évoquent l'existence tranquille et pure qu'ils avaient dans le Mississipi ou en Caroline, les traditions, les coutumes et les chansons. Mélancoliques, ils jouent du blues, du vieux blues comme le faisaient les anciens pour exprimer leur tristesse. Ils y racontent la vie d'antan ou leurs déboires de nouveaux citadins comme dans le morceau *Starvation Blues* ou le « Blues du crève-la-faim » sorti en 1928, dans lequel *Big Bill Broonzy* déclame « Famine dans ma cuisine, « A louer » sur ma porte, si le vent ne tourne pas, je vais devoir quitter mon logement. (…) Quand j'avais de l'argent, mes amis sonnaient à ma porte tous les jours, maintenant que je n'ai plus d'argent, mes amis ont changé de direction. » Alors certains de ces hommes et de ces femmes repartent dans le Sud après avoir expérimenté l'amère déception d'une vie impitoyable, froide, difficile, car pour les pauvres, la vie est rude dans les villes aussi, les salaires sont souvent très bas et le travail peu valorisant … autant retourner dans la campagne familière où ils ont grandi. Un nouveau concept va alors voir le jour, celui de l'origine géographique des Noirs américains, ceux des Etats du nord et ceux du sud, deux genres bien différents...

Dans ce contexte industriel, un autre style de blues apparaît. Même si les Noirs pensaient que le Nord des Etats-Unis était la Terre Promise, ils se rendent vite compte que la ségrégation y sévit également ; les établissements pour Blancs, les clubs, les cabarets leur ferment les portes, qu'ils soient clients ou musiciens. En réaction, les Afro-Américains créent leurs propres établissements de divertissement, des endroits à eux où ils peuvent se retrouver, se parler, se distraire, jouer ou écouter de la musique. Ainsi, durant la ségrégation, comme pendant la période de l'esclavage, ces lieux de regroupement jouent un rôle essentiel pour ne pas rester seul, pour surmonter ensemble les difficultés. La dynamique reste la même dans des époques différentes. Ces clubs vont être fondamentaux dans la promotion de la culture africaine-américaine et de la tradition orale - et donc de la musique. C'est dans ces endroits que le vrai blues du sud, ou d'autres formes de blues comme le country blues, sont joués. Cependant la musique blues devient peu à peu un moyen de gagner de l'argent pour bien des musiciens qui commencent à se produire dans ces clubs. Et dans ce contexte urbain et professionnel, le blues du sud s'adapte et donne lentement naissance à un blues urbain.

La musique noire étant le livre de vie du peuple afro-américain, le blues urbain ou *city blues* est, en l'occurrence, la musique des ghettos, des usines, des fumées des villes industrielles… Peu importe les conditions, la vie en ville est une vie moderne, à cent à l'heure, où le passé n'a pas vraiment sa place. Ainsi certains chanteurs de blues qui débarquent dans le Nord désirent s'adapter à cette modernité afin de plaire au public citadin. Les musiciens éliminent alors progressivement les éléments du vieux blues qui rappellent les origines, l'Afrique, l'esclavage - comme la note bleue qui ne figure plus dans le blues urbain[2]. Ce style de blues devient plus européen, plus contemporain, moins passéiste. Les bluesmen s'ajustent à la musique occidentale en adaptant leur style selon des critères de la musique blanche, par exemple en accumulant de nombreuses notes, en utilisant des techniques musicales étudiées, bien moins spontanées, moins instinctives, moins naturelles.

Cependant, la migration incessante des musiciens du sud vers le Nord influence continuellement les musiciens des grands pôles urbains. Ainsi, le country blues, le cirque noir et le classic blues vont marquer les chanteurs de blues urbain qui commencent à s'accompagner au piano ou à la guitare ; puis le blues des villes s'entoure d'orchestres, vastes, parfois avec une profusion de guitares, pianos, trompettes, batteries, comme dans le cirque noir. En outre, la fermeture de *Storyville* en 1917 - district musical très connu de la ville de la Nouvelle Orléans en Louisiane - propulse beaucoup de ces musiciens, désormais au chômage, vers le Nord pour y jouer de manière professionnelle. Ainsi le blues du sud se distille sans cesse dans celui du nord qui reste alors immanquablement imprégné de la vieille tradition musicale noire américaine et c'est ce mélange de modernisme et de tradition qui caractérise le blues urbain dont la ville de Chicago devient l'écrin.

Des légendes de blues urbain vont marquer à jamais l'histoire du blues. Originaire du Mississippi, *Howlin'Wolf* (1910-1976) apprend à jouer de la guitare et de l'harmonica alors qu'il est adolescent. Influencé par la musique de *Blind Lemon Jefferson* - chantre du country blues, et plus précisément du Texas blues - et du musicien de country blues et Delta blues *Charley Patton*, entre autres, il devient bluesman itinérant. Dans les années 1920-1930, il se produit de ville en ville dans le Mississippi. Il doit parfois travailler dans les champs pour subvenir à ses besoins. Quand la seconde guerre mondiale s'achève, il s'installe dans l'Arkansas où la tradition du blues est très vivace. Il y fonde son propre groupe et enregistre un premier disque en 1951 intitulé *Moanin'at Midnight* qui est un succès. En 1953, il part vivre à Chicago où, avec son concurrent *Muddy Waters*, il transporte la musique rurale du sud - plus exactement du delta du Mississippi - et la transforme en un style de blues qui devient le *Chicago blues* ou blues électrique, destiné à un auditoire citadin. Cette musique n'est alors plus accompagnée de guitares acoustiques mais électriques ainsi que d'amplificateurs. *Howlin' Wolf* devient l'un des plus grands interprètes de blues urbain de Chicago. Durant les années 50, il apparaît avec les *Rolling Stones* dans une émission télévisée. Plus tard, il travaille avec *Eric Clapton*, et des stars du rock des années 1960 et 70 reconnaissent son influence.

Big Bill Broonzy (1893 ?-1958) est un chanteur et musicien de country blues. Dans son enfance, il apprend le violon. Puis il part s'installer à Chicago en 1920 et transforme également sa façon de jouer de la guitare pour produire un blues urbain. Son premier titre s'intitule *Saturday Night Rub*. Il devient une figure dans le monde musical de Chicago. De même, le pianiste *Leroy Carr* (1905-1935) devient un artiste de blues des plus populaires. Après la crise économique de 1929, les enregistrements de musique repartent à la hausse et ce sont des chanteurs de city blues comme LeRoy Carr qui mènent le bal. Carr fait un tabac notamment avec son titre *How long, How long blues* à la fin des années 1920.

C'est *Muddy Waters* (1913 ?-1983), star du Chicago blues, qui innove de nouveaux sons avec sa guitare. Sa musique, bien que moderne, conserve en filigrane la tradition du vieux blues. Il reprend pour son propre compte le son plaintif des hollers en frottant une pièce métallique sur les cordes de sa guitare, dans un premier temps, puis en l'électrifiant pour rendre la sonorité encore plus émouvante. Il intègre également le très ancien quart de ton qui avait été évincé du blues moderne. La plainte, le cri lancinant signent sa musique. Son talent de musicien marque la musique des Noirs et des Blancs au-delà des frontières américaines. D'ailleurs sa chanson *Rollin' Stone* aurait inspiré les *Rolling Stones* lorsqu'ils cherchaient un nom pour leur groupe. Cette star du blues électrique influence nombre de musiciens jusqu'en Europe... Son célèbre morceau *Hoochie Coochie Man* est l'un de ses titres phares.

Né au Texas, *T-bone Walker* (1910-1975) est un guitariste reconnu comme l'un des plus grands musiciens de blues - de Texas blues puis de blues électrique. Il commence sa carrière dans les années 1920. Très jeune, il fréquente *Blind Lemon Jefferson* qui l'influence énormément d'un point de vue musical. En 1929, il enregistre *Wichita Falls Blues*, puis part s'installer à Chicago en 1942. En 1947, il sort un succès intitulé *Call it Stormy Monday* - morceau riche en variété sonore, enchaînant les staccatos, les solos de guitare,... T-bone Walker met au point un jeu de scène ; il saute, fait le grand écart et d'autres cabrioles. Il joue également de la guitare dans son dos ou avec ses dents. *Jimmy Hendrix* s'en inspirera ainsi que *Chuck Berry*. Walker est un artiste de talent. Quant à *Buddy Guy,* il voit le jour en Louisiane en 1936. Ce virtuose du Chicago blues - toujours en vie - est fortement marqué par le jeu de guitare de *Guitar Slim*, bluesman dont les disques exerceront une grande influence sur le monde de la musique au début des années 1950. En 1957 Buddy Guy s'installe à Chicago et innove avec d'autres musiciens un style nommé *West Side Sound* - mélange de Chicago blues « façon Muddy Waters » associant de nombreux éléments de gospel, et également inspiré par *BB King*. Buddy Guy devient l'un des maîtres du blues urbain électrique. Il travaille avec Muddy Waters et d'autres mais, dès 1958, il enregistre en solo des chefs-d'œuvre du blues moderne, enchaînant solos flamboyants, chant théâtral et dramatique, rythmique oppressante. Il remporte un grand succès au milieu des années 60 avec des classiques comme *A Man And The Blues*, *This is Buddy Guy* ou *Stone Crazy* ; grâce au soutien d'*Eric Clapton*, Guy parvient à toucher le public blanc dans cette Amérique ségrégative. En 1965, il part en tournée en Europe et dans le monde notamment en Afrique et en Asie. Il se produit en Grande Bretagne avec le chanteur *Rod Stewart*. Et dans les années 70, Buddy Guy fait les premières parties des spectacles des stars que sont les Rolling Stones dans leur tournée française. Dans un pays où la ségrégation n'aurait pas régné, Buddy Guy n'aurait-il pas pu - n'aurait-il pas dû - être la vedette d'un spectacle dont les Rolling Stones auraient assuré la première partie ? En 1974, il est invité au festival de Montreux. Mais les années 80 sont difficiles pour lui. Il relance cependant sa carrière avec l'album *Damn Right, I've Got the Blues* en 1991. Il est toujours bien présent sur la scène musicale dans les années 2000. En 2018, il sort l'album *The Blues Is Alive And Well* ou « Le blues est vivant et en forme. » *Eric Clapton* qualifie Buddy Guy de « meilleur guitariste au monde. »

Le bluesman *Roosevelt Sykes* (1906-1983) apprend le piano dans son adolescence. Puis se fixe à Saint-Louis dans l'Etat du Missouri où il débute sa carrière en 1928 en jouant du blues urbain. Il devient très populaire, remporte un grand succès, et enregistre de nombreux disques. La guerre l'amène à Chicago où il est l'un des premiers à monter un orchestre électrique musclé avec une section de cuivres. Dans les années 60, Sykes est très présent dans le mouvement musical *blues revival* qui remet le blues au goût du jour en Amérique. En outre, le fabuleux guitariste et chanteur de blues *John Lee Hooker* (1917-2001) est l'un des grands maîtres du blues urbain de l'après-guerre. C'est le bluesman qui a enregistré le plus de disques durant une carrière exceptionnelle de plus de 60 ans. En 1937, il fuit le Sud misérable et s'installe à Cincinnati dans l'Ohio ;

puis en 1943, Hooker s'établit à Détroit (Michingan) qui est devenue une ville florissante du fait de la forte demande de l'industrie de guerre. Il est l'un des premiers à utiliser la guitare électrique de façon très personnelle, avec un style lancinant aux intonations rurales mais à la conception très moderne. Il enregistre son premier single en 1948.

Dès lors, le blues urbain - ainsi que la musique blues en général - va avoir une forte influence sur la communauté blanche qui se passionne pour ce genre musical. *Elvis Presley, Bob Dylan, Jim Morrison* et bien d'autres sont véritablement inspirés par les très nombreux bluesmen américains.

Ainsi, même moderne et européanisé, le blues restent viscéralement l'affaire des Noirs. Rejeton du blues originel et né dans la grisaille des grands centres industriels nord-américains, le city blues ou blues urbain cohabite néanmoins avec les autres variétés de blues - classic blues, country blues mais aussi et bien entendu avec le vieux blues né dans les champs de coton que d'excellents musiciens égarés en Terre Promise continuent de promouvoir. Là encore, il est facile de constater que la musique noire américaine n'est pas un art - ou pas seulement un art - mais qu'elle vit et reflète l'expérience d'un peuple ; les événements historiques et sociaux la transforment et l'accouchent de nouveaux styles musicaux.

Le rhythm and blues.

Le *rhythm and blues* - encore écrit R&B, r'n'b, R'n'B, RnB - est un style musical urbain issu du blues électrique. Il voit le jour dans les années 1930 mais prend son essor un peu plus tard, après la deuxième guerre mondiale. La musique RnB exprime les profonds changements de mentalité qui se sont mis en place, pendant cette guerre, dans la communauté noire américaine. Dans cette modernité citadine ambiante, les Noirs prennent progressivement confiance en eux et refusent de plus en plus leur statut de citoyens de seconde zone. Le nouveau genre qu'est le rhythm and blues symbolise cette évolution.

C'est avant tout une musique émotionnelle parce que directement reliée à la vie des gens, à leur quotidien, en cela il plonge ses racines dans le vieux blues. « J'ai voyagé de ville en ville et personne ne s'intéresse à moi car je suis un homme bon mais pauvre. (…) Je me suis rendu à la gare mais je n'ai pu aller nulle part car je n'avais pas d'argent. (…) » chante *Cecil Gant* (1913-1951) dans le morceau *I'm a good man, but a poor man.*

Le r'n'b est, au départ, exclusivement destiné au public afro-américain - au public populaire car la classe moyenne noire est toujours aussi réticente à écouter une musique beaucoup trop connotée. Cependant le r'n'b établit progressivement un pont entre la communauté noire et celle des jeunes blancs essentiellement car il enflamme cette jeunesse et est largement imité par les musiciens blancs.

Rufus Thomas (1917-2001) est l'un des fondateurs du r'n'b. Dans son enfance, il baigne dans l'univers des Minstrel Shows, du théâtre noir où il puise l'inspiration pour sa future carrière. Il entre très tôt dans le monde du spectacle en faisant des numéros comiques ; il travaille entre autre dans la troupe des Foots[1]. Puis il créé ses propres spectacles. Dans les années 1940-1960, Rufus Thomas joue dans des clubs et sa notoriété s'accroît. Il obtient son premier succès en 1953 avec son disque *Bear Cat*. Il enregistre bon nombre de titres dont *Walking The*

Dog en 1963 et sort de nombreux albums essentiellement dans les années 1960-1970. Thomas est un habitué des émissions télévisées dans les années 70 - époque où il sort son titre *Do the Funky chicken* qui devient un véritable hit. *Louis Jordan*[1] (1908-1975) est un autre pionnier du r'n'b dans les années 1940-1950. Son sens du rythme, son dynamisme et son jeu de scène sont très appréciés du public noir et enthousiasment également le public blanc...

L'immense *BB King* (1925-2015) voit le jour dans le Mississippi où il commence par chanter du gospel. Puis il s'installe à Memphis (Tennessee) et se produit dans des clubs en jouant du blues. Il devient un éminent ambassadeur du blues avec un style qui reprend le séculaire call and response lorsqu'il lance une phrase suivie d'une fioriture d'accords de guitare. Dans les années 50, il donne dans le *rhythm and blues* et multiplie les succès notamment avec le titre *Three O'Clock Blues*. Et puis, on ne peut pas évoquer le style r'n'b sans parler de *Bo Diddley* (1928-2008), ce guitariste, chanteur, compositeur de blues et de rock qui grandit dans le ghetto de *South Side* à Chicago. Cette ville de l'Illinois étant la capitale du blues électrique, Diddley y apprend la guitare. Sa musique s'inspire du blues ; il est fortement influencé par *John Lee Hooker*. A 23 ans, Bo Diddley travaille en tant que musicien dans un club de Chicago où il joue du blues et du r'n'b. Puis il se produit dans des groupes ou en solo. Diddley participe pleinement à la mutation du blues électrique en rhythm and blues. Il crée le *jungle beat* ou *Bo Diddley beat* : un rythme syncopé mêlant guitare, piano fortement martelé et maracas - rythme qui accompagne ses plus grands succès comme *Who Do You Love*. En 1955, son premier disque intitulé *Bo Diddley* est un triomphe dans tout le pays, et sera suivi de bien d'autres hits. La forme rectangulaire de sa guitare reste dans toutes les mémoires. Diddley participe grandement à la naissance du rock'n'roll ; il jette un pont entre le blues et le rock/funk. C'est le premier artiste noir à être invité dans le très célèbre *Ed Sullivan Show*, émission de variété mythique diffusée sur la chaîne CBS de 1948 à 1971. En 1959, il est 3ème dans le classement pop plutôt réservé aux Blancs avec son titre *Say Man*. Son répertoire est repris par de nombreux artistes comme les *Rolling Stones* ou les *Yardbirds*.

Le R&B inclut plusieurs styles musicaux dont le *shouting blues* qui devient très en vogue dans les années 1940-1955. Cette musique évolue clairement dans la tradition du cirque noir, du classic blues et des orchestres du sud des Etats-Unis. Elle se caractérise par un rythme soutenu avec l'emploi de nombreux instruments tels que batteries, saxophones, guitares électriques... qui sont poussés à fond derrière le chanteur. Le shouting blues s'inspire, en quelque sorte, de la religion africaine-américaine dans la mesure où le « crieur de blues » imite les *shouts* des pasteurs noirs qui lancent avec force leurs interpellations et autres injonctions vers la congrégation des fidèles. Mais le lien avec la tradition orale s'arrête là car le *shouting blues* est au final un style commercial, criard, parfois vulgaire engendré par les nécessités économiques.

Le jeu de scène est également inspiré du théâtre noir. En effet, la vedette ne fait pas que chanter ; il joue un rôle, exécute un numéro, bouge, gesticule, tombe à genoux. Le style est parfois très théâtral avec des chanteurs comme *Eddie « Lockjaw » Davis, Big Joe Turner* ou *Big Jay McNeely* qui fait hurler son saxo, se couche sur le dos et donne des coups de pied en l'air, devant un public souvent hystérique. Les vêtements de ces artistes sont tout aussi spectaculaires, voyants, excentriques, des vestes lamées or, du satin, des couleurs...

Dans les années 1940, la radio répand toutes les formes de blues, dont le *shouting blues*, dans l'ensemble les Etats américains, en ville comme au fin fond des campagnes. L'atmosphère des grands centres urbains envahit ainsi les endroits les plus reculés du pays avec les conséquences que cela peut engendrer.

Dans les années 60, le *rhythm and blues* réapparaît sous une forme moins criarde, plus sentimentale. C'est peut-être la raison pour laquelle il parvient alors à dépasser les barrières raciales. Les Blancs deviennent friands de ce style musical et de ses interprètes. Avec le charme des *Smokey Robinson*, *Otis Redding*, *Aretha Franklin* et tant d'autres, la ségrégation est enfin mise à mal. Le revers de la médaille est que les artistes blancs s'emparent de ce style musical qui, par conséquent, perd de sa spécificité.

Le ragtime et le boogie woogie.

L'origine précise du *ragtime* est incertaine. Il pourrait provenir du *cakewalk*[1] qui, nous le savons, était une danse exécutée par les esclaves du sud des Etats-Unis, puis reprise dans le cirque ou théâtre noir. Très en vogue dans les Minstrel Shows, la musique du cake-walk se serait répandue et aurait évolué en *ragtime*.

Selon une seconde hypothèse, le ragtime proviendrait du style musical joué par les pianistes noirs américains itinérants qui travaillent dans les saloons et autres établissements de nuit - notamment les maisons closes - et ce particulièrement dans l'Etat du Missouri. En effet, depuis le 19ème siècle, le Missouri est un endroit dynamique au niveau économique, social et culturel. L'Etat est bien placé entre le Nord et le Sud du pays tout en étant une fenêtre ouverte vers l'Ouest, avec tous les atouts que procure un fleuve gigantesque comme la rivière Mississipi qui le parcourt. Cette plaque tournante grouillante de vie est traversée par de très nombreuses personnes dont beaucoup de pianistes en quête de travail. Des pianos bruyants et joyeux, une musique follement énergique s'y font alors entendre dès les années 1870, c'est le ragtime. L'Etat du Missouri devient alors un endroit incontournable pour jouer et écouter ce genre de musique. La ville de Saint-Louis s'érige en capitale du ragtime, style qui se répand dans tout le pays aux alentours de 1890[2]. Or, durant ces années-là, le contexte économique et social est très préoccupant. En 1893 - et jusqu'en 1897 - une grave dépression économique atteint l'Amérique avec son lot de faillites bancaires, un taux de chômage record... Une très grande précarité touche la population. Dans ce marasme économique, la vie devient très difficile pour beaucoup. Le ragtime est alors bienvenu pour mettre de la joie dans la société américaine.

Pourquoi le mot *rag* - traduire « chiffon, lambeau de tissu » - définit-il ce genre musical ? Probablement parce que les nombreuses variations de rythme au cœur de cette musique en font un style déchiré, barbare, presque incohérent[3]. Le genre est innovant au niveau des tempos et de la mélodie. Et ce qui donne un caractère unique au ragtime, c'est qu'il est exclusivement instrumental ; la musique est composée et généralement jouée au piano. Autrement dit, le ragtime n'est ni chanté ni improvisé.

Il s'inspire fortement de la musique européenne, notamment en lui empruntant ses harmonies, ses techniques pianistiques notamment dans des successions d'innombrables notes. Cependant, malgré cette forte inspiration européenne, les musiciens noirs américains parviennent à façonner cette musique pour la rendre vraiment « noire. » Grâce à des éléments typiquement africains, ce genre musical s'émancipe rapidement de la musique et des rythmiques occidentales. Dans la lignée de la musique que jouaient les esclaves, et notamment le cakewalk, le ragtime est fondé sur la syncope - procédé rythmique qui, sur un piano, consiste à déplacer, en le prolongeant, un temps fort sur un temps faible ou sur la partie faible d'un temps. Sur le piano, la main gauche scande le rythme régulier en faisant alterner les basses et les accords, en décalant les temps forts. La main droite joue la mélodie ou les autres parties en dehors des temps.

Avec son morceau *Harlem Rag* sorti en 1897, *Tom Turpin* (1871 ou 1873 ?-1922), remporte un immense succès et ce titre devient un modèle pour les autres musiciens. Mais à la fin du 19ème siècle, c'est le compositeur et pianiste *Scott Joplin* (1867 ou 1868 - 1917) qui enflamme l'Amérique avec des morceaux musicaux incroyablement dynamiques dont *Maple Leaf Rag* (1899) qui immortalise le ragtime et se vend à plus d'un million d'exemplaires. Joplin est alors surnommé le « Roi du ragtime. » En 1900, Scott Joplin déménage dans la ville de Saint-Louis où il écrit *Sunflower Slow Rag* et, entre autres, *Peacherine Rag* en 1901, sans oublier ... *The Entertainer* en 1902 - morceau qui deviendra très célèbre bien des années plus tard, nous y reviendrons. Par la suite, Scott Joplin s'installe à New York et compose de nombreux rags dont *Pine Apple Rag* en 1908. Son œuvre suscite un extraordinaire engouement dans la société américaine et particulièrement dans la communauté blanche qui se met à goûter et à aimer cette culture populaire noire. En effet, Joplin, entre autres musiciens, provoque l'admiration d'une bonne partie de l'Amérique blanche. Sans vraiment le vouloir, cette musique aussi contribuera à fissurer le mur de la ségrégation. Pianiste et très brillant compositeur, le grand *Eubie Blake* (1883 ou 1887 ? - 1983) participe également au succès du ragtime. Il compose son premier morceau intitulé *Charleston Rag* en 1899. Une autre figure de la musique noire américaine, *Duke Ellington* (1899-1974) - dont nous reparlerons - voit le jour à Washington D.C. Il apprend le piano dans son enfance ; il est doué pour la musique ; adolescent, il s'adonne au ragtime ainsi qu'à des genres dérivés, car à cette époque, Washington est une ville où le ragtime a pignon sur rue.

Ainsi ce genre musical remporte t-il un immense succès commercial qui participe à la naissance de l'industrie musicale américaine. Les morceaux musicaux sont publiés et vendus ; la vente de pianos explose sur le continent nord-américain. Le genre se répand même en Europe. Les films muets utilisent souvent cette musique en fond sonore. Le ragtime marque son époque et participe grandement à l'émergence de la musique populaire noire américaine. Il est repris par de nombreux musiciens blancs.

Malgré tout, il aura une durée de vie plutôt courte. En effet, avec le décès de Scott Joplin en 1917, ce style musical décline progressivement. Mais avant de s'éteindre, il donnera l'impulsion nécessaire à la création d'un nouveau genre qui va embraser le pays et le monde entier, et ce par l'intermédiaire d'un pianiste de ragtime, ancien artiste des Minstrel Shows. Ferdinand Joseph Lamotte, dit *Jelly Roll Morton* (1890-1941), est un musicien créole né à la Nouvelle Orléans. Par ses innovations musicales, il amènera le ragtime jusqu'au jazz.

En 1950, *Rudi Blesh* exhume le ragtime lorsqu'avec *Harriet Janis*, il publie l'ouvrage « Ils jouent tous du Ragtime » / *They All Played Ragtime : The True Story of An American Music* - livre qui provoque un regain d'intérêt pour Scott Joplin et son oeuvre. En 1959 et 1960, le pianiste *Max Morath* contribue également au retour du ragtime en produisant une émission télévisée intitulée « Les années ragtime » / *The Ragtime Years*. En 1968, la maison de disques Columbia sort un album intitulé « Les 86 ans de Eubie Blake » / *The Eighty-Six Years of Eubie Blake* - événement marquant dans le retour de ragtime. *Paul McCartney* fait revivre ce genre musical en enregistrant le titre *Martha my Dear* en 1968. Au début des années 70, le ragtime connaît à nouveau un regain de popularité grâce au pianiste *Joshua Rifkin* qui reprend et enregistre les morceaux de Scott Joplin. Le succès est indéniable. En 1973, la musique du très célèbre film américain « L'arnaque, » en anglais *The Sting* - avec Paul Newman et Robert Redford - reprend le fameux morceau de Scott Joplin *The Entertainer* et provoque la redécouverte du ragtime. La musique de ce film devient un immense succès radiophonique. En 1974, le chanteur et musicien *Billy Joel* compose un ragtime intitulé *Root Beer Rag*, repris par *Richard Clayderman* en 1983. En 1976, Scott Joplin reçoit le prestigieux prix Pulitzer à titre posthume.

Le boogie woogie.

En même temps que le blues urbain, le *boogie woogie* voit le jour dans les grandes cités des Etats du nord et notamment dans les clubs pas toujours bien fréquentés de Chicago. Durant les trente premières années du 20ème siècle, la plupart des grands pianistes de boogie viennent des Etats du sud, dans le contexte de la vague migratoire, même si certains comme *Jimmy Yancey* et *Albert Ammons* sont nés à Chicago.

D'après le linguiste *David Dalby*[4] - spécialiste des langues africaines - le terme « boogie woogie » proviendrait, entre autre, de l'expression africaine *bogi-bogi* issue de la langue Krio, signifiant « danser. » Ce style musical pianistique est en partie dérivé du ragtime, il lui ressemble par certains aspects car le boogie emprunte également des techniques pianistiques aux musiciens blancs. Mais les ressemblances s'arrêtent là. Car contrairement au ragtime, le boogie woogie est une musique essentiellement improvisée selon la tradition orale africaine et africaine-américaine. Le boogie provient du blues chanté dans les champs de coton puis joué à la guitare et qui est alors adapté au piano. Il est par conséquent une musique authentiquement noire, enracinée dans la musique traditionnelle noire américaine et ancrée dans l'histoire du peuple africain-américain. D'ailleurs, même si le boogie woogie connaît un véritable succès, ce style musical - bien moins commercial que le ragtime - n'est pas vraiment joué dans un but économique mais plutôt pour le plaisir, afin de divertir et faire plaisir à ceux qui écoutent.

Le boogie woogie est lancé par des musiciens comme *Meade Lux Lewis* - figure majeure de ce style musical - avec *Honky Tonk Train Blues,* un de ses plus célèbres morceaux écrit en 1927, ainsi que des artistes comme *Albert Ammons* et *Pete Johnson* qui immortalisent le boogie. Le pianiste *Pinetop Smith* (1904-1929) passe maître en la matière avec des titres comme le célèbre *Pinetop's Boogie Woogie* qui sort en 1929. Hélas, l'avenir prometteur du musicien est brutalement interrompu car il est tué d'une balle perdue lors d'une soirée à Chicago. Il a 24 ans. Le musicien *Memphis Slim* (1915-1988) sera l'un des derniers pianistes de boogie woogie - et également un virtuose du Chicago blues. Né dans le Tennessee, il apprend très jeune le piano et devient un pianiste chevronné. Puis il s'établit à Chicago à la fin des années 30, accompagne *Big Bill Broonzy* et joue avec les meilleurs bluesmen de la ville. Il est influencé par *Little Brother Montgomery,* grand artiste de blues et remarquable pianiste. Slim a développé un style fondé sur un *ostinato rythmique* à la main gauche que ponctuent les riffs - petites phrases musicales répétées plusieurs fois - de la main droite.

Le boogie woogie représente la préhistoire du jazz.

Le Jazz, le swing et le bebop.

A l'approche du 20ème siècle, un style musical inédit envahit les USA : le jazz. Dans une de ses déclarations, le pasteur *Martin Luther King, Jr.* décrit le jazz comme la capacité à mettre en musique les pires réalités de la vie... Mais il est compliqué de dater l'origine de cette musique. Quant au mot lui-même, l'auteur africain-américain *Clarence Major* émet l'hypothèse d'une origine africaine, et plus précisément Bantu. En effet, dans cette langue, le mot *jaja* signifie « danser » ou « jouer de la musique. »

Le jazz primitif ou jazz primaire / originel.

Lorsqu'on évoque la musique jazz, on pense souvent à la *Louisiane* et particulièrement à la *Nouvelle Orléans*. Pourtant, si certains spécialistes comme *L. Dorsey*[1] affirment que le jazz est né à la Nouvelle Orléans, il est, au regard des documents, difficile de le prouver. Il est clair, cependant, que la tradition musicale de Louisiane - et notamment de New Orleans - a fortement influencé cette musique. Dans cette ville de Louisiane, le brassage culturel et musical est unique. Les Français y sont installés depuis la fin du 17ème siècle et perpétuent leur tradition musicale avec les menuets, les quadrilles, les polkas,... Les fanfares militaires y sont très populaires. La *marche* est le style de base joué par ces cliques ou *brass bands*. Chaque village, chaque ville de Louisiane a sa propre fanfare. A la

Nouvelle Orléans, les fanfares napoléoniennes retentissent à chaque coin de rue avec leur lot de trompettes, clarinettes et autres tubas et trombones. Le célèbre compositeur *John Philip Sousa* écrira de nombreuses marches militaires pour ces cliques. Ces orchestres populaires font partie du quotidien ; ils animent tous les événements festifs comme les pique-niques, les parades, les carnavals...

Outre la communauté française, celle des Afro-Américains est importante à la Nouvelle Orléans. Et depuis le début de l'esclavage, les Noirs - qu'ils soient libres ou non - ont l'habitude de se réunir dans le quartier nord de la ville nommé *Uptown*. Ils s'y retrouvent pour jouer de la musique et danser sur des airs africains. Ainsi l'endroit va t-il être baptisé à juste titre *Congo Square* ou « Place du Congo. » Or, lorsque les Noirs entendent ces marches, ces quadrilles, ils sont enthousiastes. Les musiciens noirs les reprennent à leur compte en y mêlant leur propre tradition musicale africaine et africaine-américaine - c'est-à-dire une musique jouée à l'oreille sans apprentissage théorique, les tambours, les rythmes, les spirituals, les chants de travail, le blues... Ils créent alors leurs propres groupes musicaux afin de s'adonner à ce genre musical. En réalité, ils utilisent les instruments européens en produisant des sons « noirs » qui ressemblent souvent à des voix. La trompette en est un bon exemple. Lorsque les Américains blancs jouent de la trompette, le son en est généralement pur et clair ; mais lorsque les Noirs s'emparent de cet instrument, ils en tirent un son rauque, presque blessé, qui ressemble à une voix humaine, comme la voix qui s'élevait des plantations de coton avec les chants de travail des esclaves, comme celle qui gémit dans le blues avec la note bleue.

Dans ces cliques noires américaines, le tempo de la musique des fanfares napoléoniennes est également modifié par les musiciens. Le rythme africain va absorber le rythme européen, essentiellement celui de la marche, laissant place à une cadence syncopée[2] souvent qualifiée de « swing. » L'improvisation - très présente dans la musique noire et notamment dans le blues - caractérise la musique des fanfares noires américaines. Ces improvisations collectives et simultanées sont plutôt spectaculaires... Le jazz est né. D'ailleurs, l'auteur *Clarence Major* propose une piste linguistique quant au lieu d'origine de cette musique. En effet, en Louisiane, les esclaves sont appelés *jasper* et ont pour surnom *Jas*...

Ainsi les fanfares deviennent-elles partie intégrante de la vie des Afro-Américains de Louisiane. Elles animent les événements festifs de leur vie mais aussi les enterrements qui se déroulent en joyeuses processions, comme souvent en Afrique. Outre l'aspect divertissant, ces cliques et orchestres ont - comme souvent en ce qui concerne la musique noire, nous le savons - une fonction sociale très importante. Elles resserrent les liens entre membres de la communauté, entre autre.

A New Orleans, les Créoles sont également très nombreux. Ces métis, souvent nés d'une mère esclave et d'un père américain blanc, sont libres - même à l'époque de l'esclavage. Proches des Blancs, ils appartiennent souvent à la classe moyenne ou aisée américaine. La plupart désire bannir toute trace de l'Afrique et de l'esclavage afin de pouvoir se fondre dans la société blanche. Ils rejettent leur sang noir, ils rejettent les autres Noirs, ils veulent être des Blancs. Cette situation sociale laisse ses marques au niveau musical. Les Créoles sont accoutumés à la musique européenne. Nombre d'entre eux ont étudié la musique ; ils évoluent alors dans les fanfares cotées du centre ville de la Nouvelle Orléans - les musiciens noirs étant relégués dans le quartier nord de la ville, nous l'avons dit. Dans leur désir d'assimilation à la population blanche, les Américains créoles rejettent la musique noire - et notamment le blues. Ainsi, en cette fin du 19ème siècle, la différence musicale est frappante en allant du centre au nord de la ville... Cependant, en 1894, des lois ségrégatives sont promulguées contre les Créoles qui souffrent terriblement d'être alors socialement rétrogradés. Entre autre, ils n'ont plus le droit de jouer de la musique dans les quartiers du centre ville. Seuls les musiciens blancs y sont autorisés... Dès lors, si ces musiciens veulent continuer à jouer de la musique, ils doivent fréquenter le quartier nord qu'ils méprisaient souvent. Ils deviennent des Noirs parmi les autres Noirs ; laissent derrière eux l'art musical européen raffiné pour plonger dans l'univers de la tradition orale africaine, du blues, des épreuves, de la vie. Alors ces métis qui avaient tourné le dos aux Noirs commencent à apprendre leur musique, tout en conservant leurs propres connaissances musicales occidentales. Le jazz balbutiant des cliques noires américaines en est impacté. Ce genre musical est par conséquent composé d'une touche de musique occidentale africanisée par la puissance de la tradition orale.

Dans cet univers musical et festif de l'Etat de Louisiane évoluent des fanfares célèbres dont le fameux *Onward Brass Band* à la fin des années 1880 ou le *Holmes Band* avec sa ribambelle d'instruments, entre autres deux cornets à pistons, un tuba, une clarinette, des batteries,... qui fait fureur dans les années 1910. En 1889, l'*Excelsior Brass Band* fait la fierté de la Nouvelle Orléans, ainsi que l'*Alliance Brass Band*[3].

Vers la fin du 19ème siècle, un autre quartier de New Orleans devient fameux ; c'est le district de *Storyville*. Le jazz y retentit mais non plus par le biais des fanfares. De nombreux bars, dancings, cabarets... hébergent de petits orchestres qui jouent également des quadrilles, des scottishes, des polkas... Le tempo de la marche résonne dans tous ces petits clubs ; tout rappelle les cliques et fanfares, seul le décor a changé. D'ailleurs, souvent, ces musiciens proviennent des fanfares elles-mêmes. De nombreux jazzmen - comme *Louis Armstrong*, *King Oliver*... se formeront dans ces clubs.

La multiplication de ces établissements va avoir deux conséquences majeures. En premier lieu, le jazz des fanfares et des loisirs se transforment en musique professionnelle. En effet, pendant la première décennie du 20ème siècle, peu de possibilités d'emplois s'ouvrent aux jeunes Américains noirs. Dans cette région du sud, beaucoup d'entre eux sont dockers sur le delta du Mississippi ou dans les nombreux ports qui bordent le golf du Mexique, par exemple. Mais avec le développement du jazz, une autre perspective s'ouvre à eux - devenir musicien professionnel. Dans la frénésie musicale de la Nouvelle Orléans, beaucoup s'orientent vers le jazz. En outre, la multiplication de ces clubs a pour conséquence de faire évoluer cette musique. La prolifération des musiciens professionnels crée une incroyable émulation. Entre musiciens, la concurrence est rude. Chacun veut et doit se distinguer des autres. La pression est constante et la compétition permanente. Ainsi la musique jazz se transforme-t-elle car chaque artiste désire innover de nouveaux sons, de nouvelles techniques...

Parmi ces petits groupes de musiciens, celui de *Buddy Bolden* (1877-1931) se fait remarquer. Bolden est un pionnier en matière de jazz, le père fondateur du jazz peut-on dire. Il deviendra une légende. Vers 1896, Buddy Bolden met en place un des premiers orchestres de jazz. Sa musique inclut tous les éléments du jazz, de l'Europe à l'Afrique. En effet, si des éléments musicaux européens sont intégrés à sa musique, celle-ci reste dans la plus pure tradition africaine de Congo Square... Ainsi Buddy Bolden utilise t-il des instruments occidentaux, trompette dont il joue, trombone, clarinette, guitare... Cependant, sa manière particulière d'approcher ces instruments - Buddy Bolden n'a pas appris la musique, il joue à l'oreille - appose sa signature sur l'ensemble de son oeuvre. Il se base alors uniquement sur les techniques orales ancestrales, évoquant les chants de travail des esclaves, les negro spirituals, le blues primitif... le blues qui est le sang du jazz. Trois techniques essentielles fondent la musique de Bolden. La première consiste à utiliser l'instrument dont il joue comme une voix humaine. La trompette est le prolongement de la voix. Elle est rude, criarde ou gémissante comme les plaintes lancinantes des esclaves qui entonnaient des hollers dans les champs, comme dans le blues originel... En outre, Buddy Bolden incopore la note bleue dans ses compositions, cette note triste et nostalgique qui faisait vibrer les chants de travail des esclaves. La deuxième technique fondamentale qui fonde sa musique est l'improvisation, cet art que Bolden utilise à temps et à contretemps comme nombre d'artistes qui, baignés dans la tradition orale africaine et africaine-américaine, jouent à l'oreille - improvisation largement utilisée dans le blues. La troisième technique de Bolden est celle du call and response typique de l'oralité africaine. Ainsi, les musiciens se répondent mutuellement avec leurs instruments, ou bien un chanteur répond à un musicien et vice versa - comme dans les plantations, comme dans les églises. Dans sa chanson *Lost Your Head Blues*, la chanteuse *Bessie Smith* donne un bel exemple de call and response lorsque la trompette de *Joe Smith* lui répond. Bolden a pratiqué la religion chrétienne ; il y puise les bases de ses propres mélodies et si, à cette époque, la musique profane noire américaine se développe en même temps qu'une partie de la communauté s'éloigne de la religion et du chant sacré, les hymnes religieux restent une éternelle source d'inspiration pour la musique profane.

Ainsi, même si Buddy Bolden joue une musique occidentale inspirée des marches, des quadrilles... le fond possède toutes les caractéristiques de l'antique blues... A la fin des années 1890, son orchestre est le plus populaire de la Nouvelle Orléans. Ce faisant, il s'impose en tant que musicien professionnel noir, avec un style musical propre aux Afro-Américains. Sa notoriété a une répercussion sociale très importante sur la culture africaine-américaine qui se renforce et se montre. La communauté noire l'appelle « le Roi Bolden. » Son géni impacte également l'Amérique blanche qui respecte un musicien aussi talentueux... Le succès de Buddy Bolden ouvre une porte aux musiciens professionnels noirs qui se multiplient.

Les années 1920 : l'Ere du jazz.

Avec la grande migration des Noirs américains vers les Etats du nord, le jazz de New Orleans se répand dans les grandes agglomérations industrielles et notamment la ville de Chicago, qui, nous le savons, est un lieu où les Afro-Américains peuvent trouver du travail. Or cette cité qui bouillonne de chansons, de mélodies est en quelque sorte considérée comme la capitale de la musique où divers genres se côtoient. Avec la venue des Noirs de Louisiane, le jazz enflamme la ville.

Le jazz va jouer plusieurs rôles. Au sortir de la première guerre mondiale, il met de la joie dans la société américaine ; il incarne l'envie de vivre d'une population éprouvée. En outre, il sert de lien social car il va inévitablement relier la communauté noire et la communauté blanche ; en effet, les deux cultures, noire et blanche, se rejoignent dans cette musique. Grâce au jazz, la culture noire américaine va réellement pénétrer la culture américaine blanche car de nombreux Blancs adhèrent pleinement à cette force vitale teintée de spiritualité qu'est le jazz. De fait leur attachement à ce style musical met en valeur la culture et la musique noires. Les Blancs reconnaissent - implicitement parfois, ouvertement dans de nombreux cas - ce géni musical, et c'est, pour ainsi dire, la première fois. Ainsi les musiciens noirs commencent à atteindre un certain degré de respectabilité parmi les Blancs. Dans ce contexte de ségrégation raciale, grâce au jazz, les Blancs se rapprochent des Noirs. Les barrières sociales vont-elles enfin s'écrouler ? Pas vraiment car lorsque le jazz commence à être mis en scène sous forme de spectacles durant les années 1920, ce sont des musiciens blancs - un peu trop inspirés par le jazz - qui montent sur scène, entre autres Paul *Whiteman* et son orchestre, ou bien l'*ODJB - Original Dixieland Jazz Band*. Cet ensemble musical blanc style New Orleans joue devant un public blanc qui est alors mis au contact de la musique noire ou plutôt d'une imitation faite par les Blancs. Au fil des ans, le Dixieland Jazz Band est enregistré et les disques se vendent à des millions d'exemplaires ; et puisque des Blancs ont « dompté » le style noir et se le sont approprié - et seulement à ces conditions - alors, dans cette Amérique ségrégationniste, le mot « jazz » devient partie intégrante du vocabulaire des Blancs - ce qui n'a pas été le cas pour le blues qui, ni d'un point de vue musical, ni d'un point de vue culturel, ni d'un point de vue sémantique, n'a pénétré la société américaine blanche. Néanmoins nous savons que le jazz des Noirs est différent de celui des Blancs. Les sources culturelle et historique, entre autres, ne sont pas les mêmes. Les fruits vivants de la tradition orale africaine et afro-américaine - dont le blues - font cruellement défaut dans le jazz joué par les Américains blancs...

Le jazz fait également le lien entre les diverses communautés noires. Nous savons, en effet, que dans les grandes villes du nord, la communauté afro-américaine est fragmentée en différentes couches sociales. Et la musique, le blues notamment, a creusé le fossé qui existait déjà entre la classe pauvre et les classes moyennes ou supérieures. Dans ces années 20, le jazz réconcilie plutôt bien toutes ces strates. Les Noirs les plus pauvres vénèrent le jazz ; il est très prisé des Noirs de la classe moyenne et les plus riches ont enfin trouvé un style musical acceptable... Ainsi la période des années 1920 est-elle appelée l'Ere du Jazz. C'est à cette époque que les orchestres « grand format » voient le jour. Ces *Big Jazz Bands* deviennent alors très populaires.

Le *Creole Jazz Band* est l'un des meilleurs orchestres de jazz noir américain et des plus célèbres de l'époque. Il restera l'un des plus fameux de l'histoire du jazz. *Joseph Oliver* (1885-1938) voit le jour en Louisiane et c'est dans les brass bands de la Nouvelle Orléans qu'il s'exerce à la musique. Il y acquiert le surnom de *King* Oliver ou « Roi Oliver. » Puis il part pour Chicago où il transporte le pur jazz de New Orleans en créant le *Creole Jazz Band* en 1922. L'orchestre regroupe les meilleurs musiciens de la Nouvelle Orléans émigrés dans les Etats du nord ; il comprend les traditionnels instruments à vent - cornet à pistons, clarinette, trombone. Cependant Joe Oliver supprime des instruments à cordes comme la guitare et le violon et rajoute un piano. Des morceaux tels que *Canal Street Blues*, *Dipper Mouth Blues* ou *Riverside Blues* deviennent de véritables sources d'inspiration pour les musiciens noirs... et blancs[1]. L'impact de cette musique africaine-américaine est immense dans le pays.

Au sein du *Creole Jazz Band* évolue un jeune musicien, également enfant de la Nouvelle Orléans. *Louis Armstrong* (1901-1971), surnommé Pops, Satchmo...

arrive dans l'orchestre de Joe Oliver à l'âge de 22 ans avec un bagage musical blues dans la plus pure tradition noire américaine et jazz dans la plus pure tradition des brass bands de la Nouvelle Orléans. Armstrong n'a pas appris la musique. Comme dans la tradition orale noire, il joue à l'oreille ; il est très doué. Chacun reconnaît son immense talent et tous s'accordent à dire qu'il joue de la trompette à la perfection. Cependant, après avoir passé quelques mois dans l'orchestre d'Oliver, se produit un changement aux conséquences importantes. En effet, Armstrong décide de se séparer de son mentor Joe Oliver pour voler de ses propres ailes et choisit de quitter Chicago pour s'établir à New York. Or en quittant Chicago le brillant musicien prive, en quelque sorte, cette ville de son titre de « capitale de la musique » - et du jazz en l'occurrence. En s'installant à New York, Armstrong réalise t-il qu'il va en faire la capitale du jazz ?

Le musicien *Fletcher Henderson* (1897-1952) est pianiste et chef d'orchestre. Il crée le groupe nommé *Fletcher Henderson's Band* qui jouera un rôle important dans le développement des big jazz bands et du courant *swing*. En 1924, Henderson propose à Louis Armstrong d'intégrer l'orchestre. Ce faisant, le jeune trompettiste va transformer le jazz comme *Bolden* l'a fait avant lui. En effet, le jazz antérieur aux années 20 était, la plupart du temps, une musique collective, en accord avec la tradition africaine. Elle était parsemée seulement de quelques courts solos de trompette ou d'autres instruments. Armstrong innove en lançant la mode du musicien soliste. Il se détache alors du vaste ensemble des musiciens, semblant prendre ses distances avec la tradition orale afro-américaine ; cependant ses solos étant improvisés, il reste bel et bien ancré dans la culture orale ancestrale qui valorise l'improvisation. Les solos de Louis Armstrong à la trompette deviennent fameux dans le monde entier. De plus, le musicien donne à l'instrument le son de la voix humaine - comme l'a fait Bolden avant lui[2] - spontanée, plaintive ou criarde, technique orale qui fait écho aux voix des esclaves chantant le blues primaire. Le chef d'orchestre Fletcher Henderson encourage ces solos. En outre, Armstrong prend une autre initiative qui va transformer cette musique. En effet, le musicien change le rythme basique du jazz primitif en un rythme à 4 temps qui restera le tempo du jazz moderne.

    La musique de Louis Armstrong représente le point d'équilibre entre les éléments musicaux européens, pouvant être qualifiés « d'intellectuels, » et ceux de la musique noire, émotionnels et intuitifs - équilibre que le trompettiste met en place superbement. Il utilise l'harmonie, les accords de la musique occidentale qu'il passe, en quelque sorte, à travers le filtre des techniques et méthodes orales caractérisant la musique noire. C'est la raison pour laquelle ses compositions sont aussi bien reçues chez les Blancs que chez les Noirs... Ainsi le groupe de Fletcher Henderson devient-il l'un des meilleurs orchestres de jazz de New York. Cependant en 1925 - date marquante dans l'histoire du jazz - Louis Armstrong créé son propre groupe de jazz, les *Hot Five* - cinq musiciens jouant du trombone, de la clarinette, du piano, du banjo et au centre l'élément dominant, la trompette d'Armstrong enchaînant les solos. Le terme *hot* / « très chaud, bouillant » décrit une musique syncopée, mélangeant cuivres, bois et piano. De célèbres morceaux comme *My Heart* et *Gut Bucket Blues...* sont enregistrés. Puis, en 1927, deux musiciens se rajoutent au groupe qui devient alors les *Hot Seven* enregistrant de petits chefs-d'œuvre tels que *Potato Head Blues* ou *Weary Blues...* Puis de 1927 à 1928, c'est un retour au quintette puisque deux musiciens quittent le groupe qui redevient les Hot Five et enregistre de somptueux morceaux comme

Weather Bird, *Skip the Gutter*... Ces trois groupes successifs sont créés dans l'objectif de produire et vendre des enregistrements car dans ces années 20, l'enregistrement du jazz et du blues monte en flèche. L'industrie du disque, qui fait fureur, est en quelque sorte un paradoxe dans ce contexte car il s'agit de graver, dans un temps limité à quelques minutes, solos et autres improvisations. La conséquence de l'enregistrement est que les musiciens doivent alors prévoir, structurer, raccourcir. L'improvisation n'est plus si spontanée et la liberté des musiciens est écornée... à des fins économiques.

Malgré tout, la musique des Hot Five et Hot Seven reste l'une des plus belles de l'histoire du jazz. Armstrong, c'est un demi siècle d'une brillante carrière musicale. En devenant cet immense trompettiste connu du monde entier, Satchmo fait du jazz une musique populaire qui touche un public très large. L'influence musicale de cet artiste est immense ; elle aura lieu jusque dans les années 40, et atteindra le *bebop*. De nombreux musiciens font d'Armstrong leur maître, notamment de grands solistes comme le pianiste *Earl Hines*, le saxophoniste *Coleman Hawkins* ou *Jimmy Harrison*, joueur de trombone,...

Contemporain d'Armstrong, le saxophoniste *Sidney Bechet* (1897-1959) est, comme lui, né à la Nouvelle Orléans. Virtuose de la clarinette et du saxo, il est, à l'instar d'Armstrong, un pionnier du jazz et l'un des plus grands solistes de jazz des années 20. Bechet innove, créé, entreprend dans un style plutôt sensuel, parfois mélancolique. Il n'a cependant jamais égalé la réputation de Louis Armstrong. Dans un genre différent, *Jelly Roll Morton* est un des premiers pianistes de jazz. Célèbre musicien de ragtime[3], il glisse, dans ces années 1920, du ragtime au jazz...

Outre le jazz joué par des musiciens, le jazz vocal représente une autre facette de ce genre musical et délecte tout pareillement le public. Ainsi Louis Armstrong est-il également chanteur et sa voix rocailleuse ressemble au son de sa trompette... Mais ce sont essentiellement des femmes qui vont brillamment interpréter cette musique. *Bessie Smith* - aussi surnommée « l'Impératrice du blues » - devient une jazzlady réputée. Elle chante accompagnée des plus grands musiciens comme Armstrong, Fletcher Henderson, Coleman Hawkins... Tous ces artistes en vogue durant les « années jazz » répandent ce style musical qui connaîtra un incroyable succès bien au-delà des années 20.

Le jazz et le swing des années 1930.

Dans les années 30, les big jazz bands continuent d'embraser l'Amérique. A cette époque, un élément notoire intervient dans le cours du jazz. Le saxophone est en train de s'imposer sur la trompette. Les solos, les improvisations se font de plus en plus au saxo. La trompette d'Armstrong imitait la voix humaine, perpétrant ainsi la culture orale noire américaine ; les longs solos du saxophone poursuivent cette tradition reproduisant aussi les voix du passé qui bourdonnaient dans les plantations américaines... C'est le saxophoniste *Lester Young* (1909-1959) qui donne cet autre aspect au jazz en introduisant ce nouvel instrument. Lui aussi est un innovateur. Young sort du sillage de Louis Armstrong, il crée, modernise. Il donne au saxophone une totale autonomie au sein de l'orchestre. En 1933, il rejoint le groupe de *Benny Moten* à Kansas City puis part s'installer à New York où il travaille pour peu de temps avec l'orchestre de Fletcher Henderson. Young rejoint le jazz band de *Count Basie* en 1935 et le délaisse en 1940. A la fin des années 30, sa rencontre avec la chanteuse *Billie Holiday* - dont nous reparlerons - marquera l'histoire du jazz. Lester Young fait la connaissance de Holiday à New York. Ils enregistrent ensemble. C'est à cette époque que la diva surnomme Young *Prez*, diminutif de *President*. En 1957, ils se retrouvent dans l'émission télévisée intitulée *The sound of jazz*. Tragiquement, ils meurent tous deux en 1959 à 4 mois d'intervalle. Le style de Lester Young devient une source d'inspiration pour nombre de musiciens comme Charlie Parker, tout au long des années 40 et 50. Depuis Lester Young, le saxophone est resté l'instrument principal du jazz.

En 1922, *Duke Ellington*[1] s'installe à New York qui est en passe de devenir la capitale du jazz. Il joue dans différents groupes puis en 1924, il crée son propre ensemble musical et le dirige. Il deviendra un très grand chef d'orchestre tout en restant un talentueux pianiste. En 1927, Ellington décroche un important contrat au *Cotton Club* de New York, boîte renommée du quartier afro-américain de Harlem. C'est alors que des émissions de radio sont émises en direct du club et diffusent la musique de Duke Ellington dans tout le pays. Durant cette période, l'artiste innove, lance de nouvelles techniques musicales - nouveaux sons, nouvelles harmonies -, met en place de nouveaux tempos,... A la fin des années 20, Ellington met au point un style exotique connu sous le nom de *jungle music* ou « musique de la jungle. » En 1928, son orchestre est de loin le plus en vogue du pays devant celui de Fletcher Henderson et de King Oliver. Dans les années 30, il gagne encore en popularité. Ellington écrit, en 1931, sa première grande partition intitulée *Creole Rhapsody* qu'il enregistre sur les faces A et B d'un disque, en tout plus de 8 minutes de musique. Cependant au milieu des années 30 la concurrence est rude et d'autres orchestres le mettent en difficulté comme celui de *Count basie* ou des ensembles de musiciens blancs comme celui de *Benny Goodman*. En outre Duke Ellington est fragilisé par le départ de plusieurs membres de son groupe. Il continue cependant les tournées en Amérique et en Europe.

Dans les années 1930, *Cab Calloway* (1907-1994) est engagé au Cotton Club de New York pour succéder à Ellington. Musicien hors pair, l'homme est chef d'orchestre et chanteur de jazz. Il manie les mots et les sons avec brio en accord total avec la tradition orale africaine. Dompter les syllabes en faisant fi de la sémantique devient une de ses spécialités comme dans sa fameuse chanson *Minnie the Moocher* où il lance des sons sans queue ni tête que le public reprend avec joie et parfois avec difficulté… « Hi-de-Hi-de-Hi-de-Ho, scurlivu rlivurlivu, setetete raburlutu,… » En outre, Calloway passe maître en matière d'argot afro-américain appelé *jive* et rédige un dictionnaire, le *Hepster's Dictionary* en 1938 qui connaît un succès fulgurant.

Ces grands orchestres noirs américains des années 1930 ont un succès phénoménal auprès des publics blanc et noir, notamment grâce à la radio.

Le nombre sans cesse grandissant de ces big jazz bands crée une compétition entre les groupes et les musiciens. Chacun se surpasse pour se distinguer des autres. Ainsi, le jazz va-t-il évoluer. Ces vastes ensembles musicaux afro-américains développent alors un style de jazz nommé *swing*. Comme son nom l'indique, c'est un genre entraînant, rythmé, qui « balance. »

Deux questions se posent concernant le swing, celle de l'influence de la musique noire sur les Blancs et celle de l'authenticité de cette musique. En effet, fascinés par ce genre musical, les musiciens blancs s'en emparent avec un résultat plus ou moins authentique, comme le célèbre orchestre de *Benny Goodman* - Goodman est alors surnommé le « Roi du swing » ou *King of swing*. Ainsi semble t-il difficile de remettre en cause l'influence du jazz et du swing sur la musique américaine blanche. Néanmoins, la question de l'authenticité se pose également pour la musique afro-américaine swing. Car dans ces grandes mégapoles des Etats nord-américains, l'influence de la musique blanche sur celle des Noirs est tout aussi indéniable, spécialement lorsqu'il s'agit de musiques commerciales. Or le swing est un style très commercial et insipide, sans véritable fondement. Il est alors légitime de se demander dans quelle mesure il est relié à la tradition orale et à la culture africaine-américaine…

Mais quittons les Etats nord-américains pour aller plus au sud où les big jazz bands font également rage, tout comme les orchestres swing. Cependant, ces grands ensembles évoluent bien différemment de ceux des cités urbaines. Les musiciens du Mississippi, de Louisiane, du Texas… sont du sud et font une musique du sud, plus authentique, plus proche de la tradition du vieux blues car ils sont moins au contact de la musique européenne des Blancs. Ces jazzmen afro-américains ne désirent pas vraiment se faire un nom à Chicago ou New York. Certains ambitionnent de s'installer à Kansas City dans le Missouri qui, nous le savons, est la capitale du blues et devient celle du jazz et du swing. Ainsi le pianiste de jazz *Bennie Moten* (1894-1935) y crée son orchestre, le *Kansas City Orchestra,* qui propose une musique noire enracinée dans la tradition. Dans la même veine, le saxophoniste et chef d'orchestre *Troy Floyd* (1901-1953) est ancré au Texas. Son ensemble musical se produisant à l'hôtel Plaza de la ville de San Antonio, Floyd nomme alors son orchestre le *Plaza Hotel Orchestra* qui deviendra célèbre. Le trompettiste et saxophoniste *Charlie Creath* (1890-

1951) évolue très longtemps aux alentours de Saint Louis et de la Nouvelle Orléans, dans sa région du Mississippi. Il ne s'installe à Chicago qu'en 1940. Il est par conséquent clair que les musiciens noirs américains de cette région du sud tiennent à leurs racines et à leur tradition orale. D'ailleurs, lorsque dans les années 1940, les grands orchestres swing du nord vont perdre de la vitesse, ceux du sud - solidement fondés sur le blues - réussissent à se maintenir.

Jazz, bebop et jazz vocal des années 1940.

A cette époque l'authenticité et la profondeur des racines musicales deviennent un critère clivant parmi les musiciens noirs américains. En effet, la période post-swing témoigne d'une scission dans la musique noire. Durant les années 1940, une rupture radicale s'opère dans la musique afro-américaine créant ainsi deux grandes tendances : le groupe des musiciens qui se maintient dans un style commercial - comme l'avaient fait auparavant les musiciens de blues urbain ou de rhythm and blues, entre autres - courant qui produira le rock n'roll, le disco, le funk… Et les autres qui refusent de travailler uniquement pour gagner de l'argent et qui préfère rester fidèles à une musique authentiquement noire.

En 1940, l'orchestre d'Ellington reprend du poil de la bête. Le musicien redevient inventif et produit des titres comme *Ko-Ko* ou *Cotton Tail* qui deviennent des hits. Son talent lui ouvre les portes du Festival de Jazz de *Newport* en 1956. Dans les années 60, il change de style et se lance dans des orchestres à taille réduite comme le groupe *Money Jungle* en 1962 incluant le bassiste *Charles Mingus* et le batteur *Max Roach* ; il engage de jeunes musiciens comme le saxophoniste *John Coltrane*. Ellington compose des musiques de films telles que *Paris Blues* en 1961. Il écrit même de la musique sacrée dans les années 65... Même après sa mort, sa réputation ne cesse de grandir. Il est considéré comme l'un des plus grands compositeurs américains. Mais qu'en est-il des racines africaines-américaines de sa musique ? Y ressent-on réellement l'influence de la tradition orale, du vieux blues ? Les avis semblent partagés. Certains spécialistes affirment que la musique de Duke Ellington est bel et bien issue de la musique noire et de la tradition des origines. D'autres expliquent qu'en innovant sans cesse et en perfectionnant son style musical, Duke Ellington a atteint une complexité, une sophistication dans sa musique qui non seulement le fait sortir du sillage du style jazzy des années 20 mais qui fait de son œuvre une musique américaine, totalement intégrée à la musique et à la culture blanches...

A cette même époque, l'orchestre swing de *Count Basie* est l'antithèse du jazz swing commercial du nord des Etats-Unis. La musique de Basie est très enracinée dans la pure tradition musicale noire du sud. Son style est solide car fondé sur le blues primitif et la tradition orale africaine-américaine. C'est un genre de jazz moins raffiné que celui d'Ellington, plus connoté. Il utilise d'anciennes figures de style telles que le call and response - en écho aux chants de travail des esclaves et aux negro spirituals - où un solo joué au saxo répond à un riff[1]. La musique de Count Basie devient alors une source d'inspiration pour nombre de jeunes musiciens.

Dans les années 1940-1945, un nouveau genre de jazz se fait entendre, le « jazz moderne » ou *modern jazz* encore appelé *bebop* ou *bop*. Les musiciens de bebop, les *boppers*, sont en général jeunes et dynamiques. Ils sont largement influencés par le jazz enraciné de Count Basie.

Mais leur audace les pousse à innover encore et encore créant un style très complexe où les éléments de la tradition africaine-américaine sont mis en valeur notamment en ce qui concerne le rythme et l'harmonie. La cadence, le rythme y sont privilégiés et très variés. Le bop est caractérisé par un tempo rapide, une affolante succession de notes et d'accords, des vibratos et autres tremolos, des solos improvisés.

Les groupes de bebop sont en général de petites structures. Ces jeunes artistes se nomment *Charlie Parker, Dizzy Gillespie, Thelonious Monk, Max Roach, Miles Davis,* entre autres. Le saxophoniste *Charlie Parker* (1920-1955), surnommé *Bird,* est un musicien de génie tant au niveau de la créativité musicale que de l'interprétation. Il se distingue pour ses innovations musicales, invente des rythmes subtils, crée de nouveaux tempos. Il utilise des techniques usitées dans la tradition orale, l'improvisation qui laisse toute sa place à la spontanéité, à l'intuition comme dans le vieux blues. Les sons qui sortent de son saxo sont parfois de longues plaintes qui rappellent les gémissements qui s'élevaient des plantations… Le blues n'est jamais très loin avec Charlie Parker. Parmi ses titres cultes, *The Jumpin' Blues*, *A Night in Tunisia* ou *Ornithology* sont des figures de proue. Sa version du morceau *Parker's Mood*, entièrement improvisée, représente l'essence du style bebop.

Dizzy Gillespie (1917-1993) - trompettiste de renom - joue très souvent avec Charlie Parker et devient un des maîtres du jazz moderne. Sa musique est ciselée, le rythme, les enchaînements sont géniaux ; les improvisations hors pair. *Groovin'High*, ou *Salt Peanuts* sont des morceaux de choix. Il sera également l'un des créateurs du *latin jazz*, un jazz afro-cubain. Le pianiste *Thelonius Monk* (1917-1982) marque également l'histoire du jazz. Grâce à ses très célèbres improvisations, il est reconnu comme l'un des fondateurs du modern jazz et un maître du bebop dans ces années 40. Devant un tel succès, le journal *Times Magazine* lui consacre sa couverture en 1964.

Mary Lou Williams (1910-1981) commence à jouer de l'orgue à l'église lorsqu'elle a trois ans. Adolescente, elle participe à des spectacles de Vaudeville du cirque noir. C'est dans les années 1920 que Mary Lou Williams débute en tant que pianiste à l'époque où les artistes femmes sont essentiellement cantonnées au chant. C'est une pionnière du jazz instrumental. Elle participe à tous les courants de jazz en tant que musicienne, compositrice et arrangeur. Ainsi contribue t-elle au développement du mouvement swing, à Kansas City notamment, dans les années 30. Elle travaille avec Cab Calloway, Armstrong et bien d'autres. En 1942, elle intègre l'orchestre du Duke Ellington en tant que pianiste. Dans ces années 40, elle devient un mentor pour la génération bebop, collaborant avec les plus grands - Gillespie, Parker, Monk - et devient une figure du jazz new yorkais.

Le bebop provoque un engouement grandissant chez les Blancs. Les musiciens blancs tentent d'imiter ce style musical, nous le verrons… mais le résultat est différent, plus doux, plus classique, plus conventionnel. Des spécialistes expliquent que lorsque le saxophoniste blanc *Paul Desmond* joue, le musicien ne fait pas corps avec son instrument. Or *Charlie Parker* et son saxo ne font qu'un et, comme nous l'avons dit, le son qui provient de l'instrument est une voix humaine, rauque, mélancolique ou criante, qui remonte le temps et l'histoire.

Quant au jazz chanté, il se développe dans ces années 1940 et ce sont des femmes qui le rendent célèbre. *Dinah Washington* (1924-1963) en est une égérie. Elle qui commence par chanter du gospel dans son enfance et son adolescence devient la « Reine du blues » et une jazzlady de renom. Sa voix pure et cristalline attire l'oreille du grand jazzman *Lionel Hampton* qui, en 1942, lui demande d'intégrer son orchestre. Elle accepte et devant son talent, Hampton lui laisse toute la place dans le groupe - place qu'elle occupe bien volontiers. C'est en 1943 que Dinah Washington sort son premier succès intitulé *Evil Gal Blues*. Elle quitte l'ensemble de Hampton en 1955 et fait un tabac en 1959 avec son titre *What a Difference a Day Makes* superbement repris en 1975 par *Esther Phillips*, entre autres. Dinah Washington sera considérée comme l'une des voix les plus remarquables des années 50.

Deux autres « monuments » marquent l'histoire de la musique de leurs voix incomparables qui bouleversent le monde entier. *Ella Fitzgerald* (1917-1996) est l'une des plus grandes chanteuses de l'histoire du jazz. En 1946, elle part en tournée avec l'orchestre de Dizzy Gillespie. Fitzgerald excelle dans l'art du *scat* - ces syllabes lancées à la place des mots dont Cab Calloway avait été le précurseur. Louis Armstrong lâche souvent sa trompette pour chanter en duo avec elle, lui dont la voix éraillée n'a pas d'équivalent. Par son immense talent, Ella Fitzgerald transcende le bop et le swing. Une autre chanteuse de jazz et pianiste, prénommée Sassy ou « La divine, » va fasciner le monde. Il s'agit de *Sarah Vaughan* (1924-1990) dont la qualité exceptionnelle de la voix envoûte le public, le transportant au-delà de toute ségrégation... Dans les années 40, elle chante et enregistre accompagnée de jazzmen comme Charlie Parker et Dizzy Gillespie, puis en 1946 Vaughan se lance en solo, donnant des concerts dans le monde entier, délectant le public de sa voix magnifique. Sa carrière se poursuivra bien après les années 1980.

Le jazz vocal enchante l'Amérique et le monde. Nombre de Blancs adulent ces artistes, leur sens du rythme, leur charisme. Ainsi, dans ce contexte de ségrégation violente qui sévit dans les années 1920, 30, 40, et au-delà, le jazz contribue t-il à faire tomber une partie des barrières raciales en réconciliant les « deux Amériques. »

Après les années 1950, des formes nouvelles de jazz apparaissent telles que le *cool jazz*, le *hard bop*, le *free jazz, le jazz-rock*... Puis d'autres styles enflamment l'Amérique comme le *Rock and Roll* avec, entre autres, le musicien *Chuck Berry*. Parmi tous ces genres musicaux, il y a et il y aura toujours ceux qui sont inspirés de la musique européenne et qui, même s'ils sont reliés au peuple noir, relate une histoire plutôt américaine. Mais il y a aussi la musique authentique qui chante les racines et l'histoire du peuple noir américain.

La musique sacrée.

Après la libération des esclaves, l'Eglise noire américaine confirme sa vocation de toujours en incarnant une réelle institution sociale. Elle poursuit ses deux objectifs fondamentaux : prodiguer une instruction chrétienne et continuer à servir de lien entre les membres de la communauté. Par le biais de nombreuses organisations religieuses, elle maintient une cohésion, une unité entre les Afro-Américains, les soutient et leur vient en aide.

Cependant la liberté accordée aux Africains-Américains esclaves en 1865 a changé la donne. Après l'Emancipation, l'Eglise ne représente en effet plus le seul espace de liberté pour les Noirs. Les dancings, les sociétés et autres clubs font que le domaine religieux perd parfois de son intérêt. Alors que devient la musique sacrée dans cette société hédoniste ?

Le negro spiritual[1].

Avec l'industrialisation des Etats du nord, les vagues migratoires, la professionnalisation de la musique, l'engouement grandissant pour la musique profane, il est légitime de se demander ce que sont devenus les negro spirituals. Auraient-ils disparu, submergés par la « musique du diable » ainsi nommée par les plus anciens ? Quasi salvatrice pour le peuple captif, tellement enracinée dans la culture musicale et la tradition orale de cette communauté, si puissante et si présente pendant l'esclavage, la musique religieuse n'a pu être totalement occultée par le blues et le jazz. Ces sperichils - qui avaient donné de la visibilité au peuple afro-américain lorsque les Blancs avaient pris conscience des Noirs et de leur talent musical - persistent bel et bien dans l'Amérique qui évolue après la guerre de Sécession, et notamment dans les Etats du vieux sud. Ainsi des groupes de negro spiritual se forment-ils pour présenter au public américain autre chose que la musique déchristianisée. Dans les années 1871, le groupe des *Fisk Jubilee Singers* rend le negro spiritual très populaire. C'est un groupe d'étudiants de l'université Fisk / *Fisk University* située à Nashville dans l'Etat du Tennessee. En 1866, cet établissement est créé dans le but d'éduquer les esclaves libérés. Au fil du temps, des étudiants forment une chorale et interprètent des chansons traditionnelles du folklore européen, des airs d'opéra,... Puis ils tentent d'intégrer à leur répertoire des chants de leur propre communauté, des chants d'esclaves, et bien entendu des negro spirituals. Ces morceaux, émouvants par nature, sont interprétés avec tant d'émotion que les quelques personnes qui assistent aux répétitions sont conquises.

    Cependant, le contexte social est difficile et bien des jeunes noirs américains n'ont pas les moyens financiers de suivre des cours dans cet établissement ; d'autre part les bâtiments qui composent l'université sont vétustes. Il est alors décidé que ce chœur d'étudiants se produirait en concerts itinérants pour lever des fonds afin d'aider les jeunes et de reconstruire l'université. La première représentation a lieu en octobre 1871 dans la ville de Cincinnati, Etat de l'Ohio. Au fil de leurs tournées, des difficultés inattendues s'amoncellent. Les choristes doivent tout d'abord affronter le mauvais temps, le froid, la neige car ils sont refusés dans les hôtels... Ils comprennent alors que le fait d'être libres et Noirs ne va pas forcément de soi. Ainsi ont-ils a subir les préjudices raciaux, jusqu'aux assauts du Ku Klux Klan. Les gens, les journaux locaux les surnomment du terme désobligeant de « nègres ménestrels » ou *nigger minstrels* car leur groupe ne porte pas de nom précis. C'est alors qu'ils décident de s'appeler les *Fisk Jubilee Singers*. Ils se produisent souvent dans des églises et devant un public blanc essentiellement. Au fil du temps, ils remportent un franc succès et leur réputation s'étend à toute l'Amérique ; le groupe donne même un concert à la Maison Blanche de Washington. Puis le chœur entame une série de tournées à l'étranger où il acquiert une renommée internationale. Ainsi parcourt-il la Russie, la Hollande, l'Allemagne, la Suisse, la Grande-Bretagne où il est invité par la reine Victoria…

Parmi les negro spirituals de leur répertoire, certains sont très connus tels que « Libre enfin » / *Free At Last,* ou « J'aime le Seigneur » / *I Love the Lord*, ou bien encore « Cours vieux Jérémie » / *Run Old Jeremy*. Mais c'est le morceau *Roll Jordan Roll*[2], qu'ils enregistrent en 1880, qui représente leur plus grand succès. Au final, l'argent récolté est suffisant pour construire une nouvelle université. La réussite et l'exemple des Fisk Jubilee Singers inspirent d'autres établissements qui leur emboîtent le pas. Ainsi l'Institut *Hampton* de l'Etat de Virginie organise sa propre chorale nommée les *Hampton Singers* qui va suivre le même chemin.

Ces initiatives ont des conséquences majeures. Outre le point de vue financier évoqué, leurs succès donnent un sentiment de fierté aux Américains noirs nouvellement émancipés. En outre, elles font connaître la beauté et la profondeur de la culture noire aux Blancs qui assistent à ces représentations ; et surtout, grâce à ces chorales, les chants des esclaves, indissociables de leur histoire, continuent à vivre…

Durant les années 1920-1930, un nouveau souffle est donné au chant sacré africain-américain. Deux personnes, en particulier, décident d'en faire la promotion et d'en assurer la pérennité. Le chef de chœur *Eva Jessye* (1895-1992) dirige de grandes chorales comme celle des *Dixie*

Jubile Singers. *Francis Hall Johnson* (1888-1970) est producteur et chanteur de spirituals. Ensemble, ils reprennent toute cette musique traditionnelle et font des arrangements de morceaux connus ou non[3]. F. Hall Johnson, ainsi que d'autres compositeurs comme *Harry T. Burleigh* (1866-1949), accompagnent ces chants anciens au piano. En 1927, Eva Jessye produit un recueil intitulé *My Spirituals*, mettant en scène des vedettes telles que *Paul Robeson*. En outre, dans cette dynamique de promotion du registre sacré, des chanteurs de musique classique incorporent des negro spirituals à leur répertoire - phénomène qui continue jusqu'à nos jours puisque la cantatrice *Jessye Norman* ou la soprano *Kathleen Battle*, entres autres, interprètent régulièrement des hymnes sacrés. Des groupes contemporains de musique populaire reprennent également des chansons religieuses comme *Boney M* qui, en 1978, obtient un énorme succès avec son titre *By the Rivers of Babylone*, qui n'est autre que la reprise du Psaume 137 de l'Ancien Testament de la Sainte Bible qui va ainsi, « Au bord des fleuves de Babylone, Nous étions assis et nous pleurions, Nous souvenant de Sion. »

Le gospel.

A la fin du 19ème siècle, un autre genre musical sacré voit le jour. C'est le *gospel* - mot signifiant « évangile. » Ce chant religieux est, peut-on dire, plus moderne que le negro spiritual, il est par exemple, beaucoup plus rythmé. Il prend, dans un premier temps, la forme de quatuors souvent accompagnés d'instruments. Certains spécialistes voient le gospel comme le précurseur du jazz.

La raison d'être de ce style musical religieux reste la même que celle du negro spiritual : transmettre la parole de Dieu et rester fidèle à Dieu. Cependant, alors que les negro spirituals se réfèrent essentiellement à des événements relatifs à l'Ancien Testament - et souvent aux Psaumes - envisageant un avenir meilleur et un bonheur à venir, après la mort, les paroles du gospel proviennent essentiellement du Saint Evangile, des messages du Christ ou du bonheur d'être en relation avec Lui.

Des religieux comme *Charles-Albert Tindley* (1851-1933) se lancent alors dans l'écriture de gospels. Ce pasteur méthodiste afro-américain de Philadelphie est l'un des premiers auteurs de ce genre sacré ; il compose de nombreux morceaux comme *I'll Overcome Some Day* écrit en 1901 et qui deviendra le très célèbre chant de résistance *We shall overcome* dans les années 1960... Le pianiste *Thomas A. Dorsey* (1899-1993), fils de pasteur, plus tard musicien de blues, compose aussi des chants gospels dont le très célèbre *Take My Hand, Precious Lord* en 1932. Le révérend *Robert Wilkins* (1896-1987) participe également à l'avènement de la musique gospel en écrivant des morceaux comme *Thank You Jesus* / « Merci Jésus, » ou le célèbre *The Prodigal Son* / « Le Fils Prodigue » repris par les Rolling Stones. Ainsi ces chants sacrés font-ils leur apparition dans les églises noires, sans pour autant remplacer les negro spirituals.

En septembre 1921, une Convention nationale de l'église baptiste africaine- américaine est organisée à Chicago avec, à la clef, la publication d'un livre de plus de 150 de ces hymnes - ouvrage intitulé « Les Perles du Gospel » / *Gospel Pearls* et distribué à toutes les églises noires américaines. Cette Convention et ce recueil de chants donnent au gospel une véritable impulsion.

Avec ce succès, de nombreux chœurs se forment et parcourent les villes pour y donner des concerts. Le *Dixie Hummingbirds* est un quatuor gospel qui se crée dans les années 1920 et remporte un franc succès. Le groupe évolue au fils du temps et existe encore aujourd'hui. Tout comme celui des *Sensational Nightingales* qui débutent dans les années 1942. Ils se produisent dans le monde entier et chantent encore de nos jours. Ces ensembles sont très nombreux. Dans les années 40, la chanteuse *Clara Ward* fonde une chorale gospel qui sort de la physionomie des quartettes. Elle est plus vaste et les *Clara Ward Singers* seront le premier groupe de gospel à chanter avec un orchestre symphonique dans les années 60. Ce chœur est extrêmement populaire et le restera jusque dans les années 1970. Il inspirera d'autres chorales comme les *Andrew Gospel Singers* ou les *Drinkard Singers*… Le *Golden Gate Jubilee Singers* est un ensemble vocal fondé en 1934. Il garde la forme originelle des chœurs de gospel fondé en quartette. En effet, quatre chanteurs entonnent - souvent à capella ou accompagnés d'un simple piano - des negro spirituals et des gospels. Quelques années plus tard, le nom du groupe deviendra le *Golden Gate Quartet* mondialement connu pour la qualité de ses voix et l'impeccable harmonie de l'ensemble. Il remporte un immense succès avec des reprises de *Joshua fits the battle of Jericho*, *Go down Moses*, *When the saints go marching in*, et tant d'autres… En 1969, la chorale *The Edwin Hawkins Singers*, avec *Dorothy Combs Morrison*, reprend le titre *Oh Happy Day* / « Oh Heureux Jour » qui devient un hit et fait le tour de la planète. En fait l'artiste *Edwin R. Hawkins* arrange ce chant sacré qui date du 18ème siècle et fut plusieurs fois remanié depuis pour devenir ce fameux gospel qui relate « le jour heureux où Jésus lava mes péchés, il m'apprit à regarder et à prier et à me réjouir chaque jour… » - morceau notamment repris par le Golden Gate Quartet, Joan Baez, Ray Charles, Aretha Franklin…

Avec le succès des chorales de chant gospel et de negro spirituals, la culture religieuse africaine-américaine reconquiert les Etats-Unis. D'ailleurs, un élément supplémentaire renforce leur réussite. En effet, en dehors de ces groupes, la musique sacrée est reprise en solo par des artistes dans un contexte profane. *Rosetta Tharpe* (1915-1973) est imprégnée de musique sacrée depuis sa petite enfance. Elle apprend également à jouer de la guitare. C'est une enfant douée qui se lance dans une carrière musicale par le biais du gospel. Elle est l'une des premières artistes de musique chrétienne à remporter un succès commercial. Cependant, au cours de sa carrière, elle fréquente le milieu du blues et du jazz. Ce qui lui inspire de chanter un gospel « revisité » où se mêlent blues et jazz, avec parfois un zest de swing ; et par-dessus tout cela, l'artiste joue de la guitare sur scène… ce qui est très audacieux à l'époque pour une femme, et qui n'est pas du goût de tous.

En 1911, *Mahalia Jackson* (1911-1972) voit le jour à la Nouvelle Orléans. Enfant, elle baigne dans la musique sacrée mais est également fortement exposée au blues et au jazz qui retentissent dans les rues de la ville. Ses deux sources d'inspiration vont donc être la musique d'église et … la chanteuse de blues Bessie Smith. Pourtant, malgré son goût pour le blues et le jazz, Mahalia Jackson refusera toute sa vie de chanter la « musique du diable » et consacrera l'ensemble de sa carrière à la musique chrétienne. En 1927, elle s'installe à Chicago et devient soliste à l'église. Comme d'autres, elle reprend des negro spirituals dans son répertoire. Elle enregistre son premier 78 tours avec le titre *God's gonna separate the wheat from the tares* / « Dieu va séparer le bon grain de l'ivraie. » Elle commence les tournées en Europe puis dans le monde entier, devient alors une célébrité internationale et conquiert le public blanc qui découvre plus ou moins ce style musical. En 1945, elle enregistre le morceau *Move On Up A Little Higher*, qui se vend à un million d'exemplaires. Elle est, à juste titre, qualifiée de « Reine du gospel. » Le président Eisenhower l'invite à la Maison Blanche en 1959. Son immense talent a un double impact, sur la religion tout d'abord puis sur le rapprochement avec la communauté blanche...

A partir des années 1950, *Mary Lou Williams*[1] se convertit au catholicisme. Elle compose des morceaux religieux, inspirés par la tradition orale et influencés par les divers courants jazz. En 1957, Williams est la première femme a créer sa propre maison de disque nommée *Mary Records*. Entre 1964 et 1975, elle écrit une série de messes chantées dont *Mary Lou's Mass* / « Messe de Mary Lou » en 1969. Son rêve se réalise lorsqu'elle se produit au Vatican.

Dans les années 1950, un double phénomène se produit. Tout d'abord, des chanteurs de gospel vont passer dans le registre profane, ce sont des personnes souvent élevées dans des familles chrétiennes, qui assistent aux offices religieux dans leur enfance... Ainsi le très célèbre *Sam Cooke* est fils de pasteur, il s'adonne au chant sacré avant de se lancer dans les chansons d'amour ; *Aretha Franklin* enregistre tout d'abord des chants gospels puis se produit dans le registre 'rhythm and blues.' Elle fait quelquefois allusion à la religion comme dans son célèbre titre *I say a little prayer for you* / « Je fais une petite prière pour toi. » Le dynamique *James Brown* baigne dans la religion chrétienne lorsqu'il est enfant et chante du gospel pendant des années avant de s'orienter vers le r'n'b et la musique soul... A l'inverse, des chanteurs de style profane vont, de temps à autre, flirter avec le chant religieux comme *Otis Redding* qui enregistre le gospel *Amen* auquel il associe le morceau *Let It Shine*. *Nina Simone* reprend le morceau *He's got the whole word in his hands,* qui décrit l'image - courante dans la bible - de Dieu qui a créé le monde et le tient dans Sa main. Dans les années 1960 -70, le pianiste et chanteur *Billy Preston* (1946-2006) inclut des morceaux de gospel à son répertoire r'n'b et soul avec des titres comme *That's The Way God Planned It* / « C'est comme cela que Dieu l'a voulu » en 1969, ou bien *You Can't Beat God Giving*.... De plus, la musique sacrée inspire parfois la musique profane. Au sein de la vague rhythm'n'blues ou soul des années 1950-60, certains morceaux sont chantés sur le rythme du gospel ... avec des paroles qui ne parlent pas de Dieu. Le talentueux *Ray Charles* (1930-2004) en est une parfaite illustration. Il s'inspire fortement de la musique gospel pour enflammer le public de ses chansons d'amour. Il utilise le même rythme, les mêmes instruments - notamment le piano, les mêmes mots que dans la musique sacrée mais à des fins peu catholiques... Ainsi enregistre t-il, en 1954, le titre *I've Got a Woman* / « J'ai une femme, » qui, en fait, est tiré du gospel intitulé *It Must Be Jesus* / « Ce doit être Jésus » et qui devient un fulgurant succès dans tous les hit-parades. Sur le rythme gospel, il lance « J'ai une 'fiancée', à l'autre bout de la ville, ( ) elle me donne de l'argent quand j'en ai besoin, ( ) elle m'aime jour et nuit... » Son autre morceau *Hallelujah, I just love her so !* a tout l'air d'un gospel mais n'en est pas vraiment un... car dans ce titre « Alléluia, je l'aime tant, » il faut savoir que le pronom complément *her* / « l' » se rapporte non pas à un être divin mais à une personne de sexe féminin... Ray Charles est alors appelé le « Grand Prêtre » du rhythm'n'blues, au grand dam des chrétiens qui l'entendent profaner les choses saintes.

En outre, vers 1970, le monde musical blanc met à l'honneur le gospel. En 1970, le chanteur anglais *George Harrison*, qui a quitté le groupe des *Beatles*, sort un titre mythique qu'il a lui-même écrit et qui va remporter un succès planétaire. Il s'agit de *My Sweet Lord* / « Mon Doux Seigneur. » Cette chanson, dans la lignée gospel, est un vibrant appel à la foi, « Mon doux Seigneur, Je veux vraiment Te voir, Te connaître, Te suivre. » Et puis, au début des années 70, sont produits deux opéras américains de musique rock gospel, *Jesus Christ Superstar* et *Godspell*. Le succès de ces comédies musicales permet de maintenir la musique sacrée africaine-américaine à une très bonne place dans la société américaine.

Dans les années 1980, 1990, 2000, la très talentueuse *Liz McComb* (1952-/) consacre son répertoire à la musique sacrée, jazz, soul... qu'elle chante en s'accompagnant au piano. Elle fait la part belle au negro spiritual et au gospel, évoquant souvent le bonheur d'avoir la foi, d'être en relation avec le Christ, comme dans le morceau *I need you - to keep me from falling* où s'adressant à Jésus, elle crie « J'ai besoin que tu m'empêches de tomber »... Dans son album *Rock My Soul* / « Berce Mon Âme » de 1993, elle reprend les chants anciens *I Told Jesus I Would Be Alright If He Changed My Name* ou *Motherless Child*. Elle poursuit actuellement sa carrière pour le plus grand bonheur de son public. Lors de son concert de juillet 2020 à Nice, elle est accompagnée de l'orchestre philharmonique de Nice.

Enfin, dans le registre de la musique religieuse, il est impossible de ne pas faire allusion au film américain *Sister Act* - sorti en 1992, avec l'inénarrable *Whoopi Goldberg* - qui reprend des morceaux sacrés comme *I Will Follow Him* / « Je Le Suivrai. »

LA MUSIQUE, RESISTANCE DANS LA SEGREGATION

Si la musique adoucit les mœurs, elle n'en anesthésie pas les esprits pour autant. Pendant l'époque de la Reconstruction[1] - tous les espoirs sont permis pour les esclaves émancipés. Leur rêve de liberté se concrétise enfin... Free at last ! Enfin libres. Ce rêve ne va pas durer cependant car une ségrégation légale se met progressivement en place, notamment dans le Sud, privant cette communauté des droits les plus élémentaires. Ainsi donc, une grande partie de la société américaine refuse t-elle que les Noirs deviennent les égaux des Blancs ; elle va les mettre à part par le biais d'un système de lois ségrégatives appelées *Jim Crow*. Deux communautés *parallèles* vont alors évoluer sans vraiment se croiser.

Cette situation dramatique a de nombreuses répercussions dans la communauté afro-américaine, à différents niveaux. Ainsi, de profonds changements psychologiques vont se mettre en place, lentement, chez ces hommes et ces femmes. Cependant au cœur de ces transformations, un phénomène ancien se maintient, celui de la résilience mise en place depuis l'époque de l'esclavage ; les Afro-Américains vont à nouveau devoir se dépasser et trouver des ressources personnelles et collectives pour faire face à l'inhumanité et à l'injustice de la ségrégation raciale. Leur arme principale sera celle de toujours : la résistance[2], et souvent par le biais de leur culture. Pendant l'esclavage, nous savons que la culture africaine et/ou africaine-américaine - tradition orale, vocabulaire codé, coutumes, sorcellerie... - doit rester cachée des maîtres qui n'aiment pas voir les esclaves se référer à l'Afrique en faisant du vaudou, en utilisant la langue africaine ou d'une autre manière. Les Blancs ont d'ailleurs tenté de décréoliser[3] le parler des esclaves, désirant en éliminer tout substrat africain. Pour maintenir culture et traditions vivantes de génération en génération, nous avons vu que les captifs doivent ruser, se cacher, dissimuler ; ils développent alors une contre-culture, secrète, cryptée, rebelle. La culture de résistance se poursuit plus que jamais après la libération des esclaves. Elle fut une conséquence logique de la captivité, elle est une conséquence logique de la ségrégation raciale. Ses fonctions se maintiennent. Elle aide à resserrer les liens entre ceux qui sont victimes de cette ségrégation et à maintenir l'unité dans la communauté noire américaine face à l'injustice et la violence ; elle lui permet de rester en vie, d'exister, dans une société ségrégative où ces Américains sont rendus invisibles. Mais plus encore, cette culture parallèle engendre une affirmation de soi jamais vue jusqu'alors.

Néanmoins, si durant l'esclavage la résistance ne pouvait se montrer au grand jour et devait rester secrète pour des raisons évidentes de sécurité, il en va autrement après l'émancipation des esclaves. Dans certains de ses aspects, la contre-culture afro-américaine n'est plus souterraine mais plutôt concomitante à la culture blanche. Puisque la ségrégation raciale implique que Noirs et Blancs vivent dans la même société sans se croiser, pour ainsi dire, la culture noire évolue parallèlement à celle des Blancs. Mais dans bien des cas, elle va s'opposer à la culture dite « supérieure » des Américains d'origine européenne. Cette contre-culture garde pourtant certains aspects cryptés. Ainsi, au niveau linguistique un vocabulaire spécifique se développe afin de se protéger de l'ennemi - la langue codée acquise au cours de l'esclavage[4] garde la même fonction aux 20ème et … 21ème siècles.

Etant partie intégrante de cette culture, la musique afro-américaine joue un rôle capital dans la résistance à l'oppression. Si des artistes font passer leur carrière professionnelle avant tout, d'autres vont s'engager politiquement dans leur musique et leurs chansons. Les événements politiques et sociaux, ainsi que les ressentis et pensées qu'ils engendrent ont une forte répercussion sur la musique noire américaine. La réalité historique façonne encore et toujours le courant musical. Les voix noires continuent de chanter leur souffrance et poursuivent leur travail de sape, non plus contre « l'institution particulière » mais contre le mur de la ségrégation. Subversive, cette musique dénonce, exprime les frustrations - en est un exutoire - et revendique en véhiculant des messages clairs. Elle exprime le refus catégorique de se laisser dominer par le système injuste qu'imposent nombre d'Américains blancs. Cette musique va également façonner l'histoire américaine, en modifier le cours par sa puissance...

La musique profane.

Le blues.

Dans les clubs africains-américains, les cabarets et autres lieux de rencontre exclusivement entre Noirs, les clients plaisantent comme des Noirs, parlent comme des Noirs... Ce peuple a toujours compris la nécessité de garder un lien avec ses racines pour pouvoir faire face aux dures réalités de la vie sur le sol américain. Ces établissements ont pour fonction de sauvegarder l'identité. Mais pourquoi vouloir affirmer son identité africaine quand, après leur émancipation, tant de Noirs américains rêvent d'être assimilés au peuple américain ? Parce que l'Amérique ségrégative refuse de considérer ces hommes et ces femmes comme des Américains. Et puisque la citoyenneté américaine est refusée aux Noirs, nombre d'Africains-Américains des classes populaires désirent se détacher des Blancs. Ils décident ainsi de tenir la communauté américaine blanche à l'écart de leur sphère privée - alors que, nous le savons, les Noirs de la classe moyenne ou supérieure[1] ont, la plupart du temps, un grand désir de se rapprocher des Blancs dans un légitime besoin d'assimilation aux valeurs européennes. La musique va permettre de se positionner et de mettre en place une affirmation de soi. Car elle est au coeur de ces clubs et cabarets. Mais quelle musique ? Celle qui permet de revendiquer son identité, d'affirmer ses origines et son histoire. Une musique vraiment noire, le vieux blues. Avec le blues, les Noirs restent des Noirs et le chantent. Dans ce contexte, nous pouvons considérer que le blues primitif de cette période post-émancipation est l'antithèse de l'assimilation...

Aussi le blues primitif est-il une musique « privée » qui déroute les Blancs. Ils ne la comprennent pas et les Noirs s'en amusent parfois. Le langage du blues représente un code culturel. Ne le comprend pas qui veut. Ne joue pas du blues qui veut. Il faut des clefs et ces clefs sont la tradition orale africaine et africaine-américaine. En outre, des mots et expressions cryptés utilisés dans les chants profanes et sacrés des esclaves[2] réapparaissent dans le blues. Un vocabulaire secret continue à se développer par le biais de la musique[3] - preuve que rien n'a changé depuis l'esclavage. En voici quelques exemples parmi tant d'autres. Certains mots subissent des renversements de sens : le hit de *Mickael Jackson* en est un exemple récent qui reprend ce phénomène en affirmant *I'm bad*, littéralement « Je suis mauvais » qui en fait signifie « Je suis le meilleur » ; l'adjectif *cold* / « froid », dans le contexte musical de l'époque, signifie « très bien, très bon » ; *solid* veut dire « parfait[4]. » D'autres mots ont des sens qu'ils n'ont pas habituellement, par exemple *dig* qui en anglais signifie « creuser ; enfoncer » prend un autre sens en Black American English. Dans un contexte familier, il veut dire « piger. » Il en va de même pour l'expression *out of sight* qui normalement se traduit par « hors de vue » et qui devient l'adjectif « formidable » ou « sensationnel[5]. » D'autres substantifs sont tirés ou inspirés des langues africaines comme le mot *dig* - vu plus haut - qui proviendrait de la langue Wolof selon le linguiste *David Dalby*. *Cat* se traduit « chat » en français, mais utilisé par les Noirs de l'époque, il désigne un « homme » et proviendrait du mot Wolof *hipicat*, faisant référence à une « personne avisée, » d'où viendrait également le mot *hip* qui signifie « être au courant, dans le vent. » Ce vocabulaire crypté revendicatif s'étend, au-delà du contexte musical, à tous les domaines de la vie des Noirs américains pour devenir partie intégrante du *Black American English* - idiome utilisé par une grande partie de la communauté africaine-américaine jusqu'à nos jours, qui est une langue à part entière, pourvue d'un vocabulaire, d'une grammaire, d'une syntaxe, d'une phonétique spécifiques[6].

C'est essentiellement dans les régions du sud des Etats-Unis que cette culture parallèle est florissante, car baignée par la tradition orale des anciens esclaves. Kansas City est une ville de prédilection pour le développement du blues et de cette contre-culture africaine-américaine. Le blues est alors bel et bien une musique rebelle. Le vieux blues s'affiche comme un genre qui dénonce, pointe du doigt, ouvertement, sans ambages. Dans l'Amérique ségrégative, la musique noire dissidente conserve tout le mordant et le cynisme qu'elle avait pendant l'esclavage, afin de dénoncer le système ambiant…

Ce style musical qu'est le blues - comme plus tard le jazz ou le rap - s'est développé sur la frustration sociale de ces hommes et ces femmes ; il est directement associé à l'injustice et à la discrimination raciale. C'est une musique des classes populaires, elle en porte les revendications. Dans le contexte de l'après-guerre de Sécession, les bluesmen mettent leurs voix au service de leur communauté afin de transmettre des informations à qui écoute cette musique. Ils deviennent les porte-parole de la société noire américaine, exposant des questions sociales et politiques, dénonçant l'iniquité et revendiquant l'égalité. Ainsi, le blues devient-il un puissant mode d'expression permettant d'extérioriser le mal-être des Noirs face à l'injustice qu'ils subissent au quotidien ; cette musique exprime la désillusion, le mécontentement, et bien d'autres ressentiments qui suivent l'Emancipation. Les Noirs américains, esclaves ou libres ont, pour la plupart, participé aux conflits armés et autres guerres comme la révolution américaine, la guerre de Sécession, et plus tard les deux conflits mondiaux ; ils ont contribué, par leur travail, à la richesse du pays, or rien n'est fait pour eux, aucune reconnaissance ne leur est donnée. Libérés, ils continuent d'être traités comme des citoyens à part. Leur émancipation n'a pas fait d'eux les égaux des Américains blancs. La Reconstruction qui suit la guerre civile est un échec.

Alors, les bluesmen mettent en mots les misères de la communauté africaine-américaine - par exemple le sort peu envieux des paysans juste après la guerre de Sécession, les injustices raciales et économiques, la politique... Dans son morceau très engagé intitulé *Starvation Blues* ou « Le blues du crève-la-faim[7] » *Big Bill Broonzy* dénonce l'extrême pauvreté des Noirs américains avant la dépression économique de 1929 et l'aggravation de leur situation avec cette dépression ... Sa fameuse chanson *White, Brown, Black*, enregistrée en 1951, pointe du doigt la ségrégation aux USA « Si tu es Blanc, ça va ; si tu es « Café au lait », reste par là ; mais si tu es Noir, mon frère, tu repasseras. » Il continue ainsi « Une nuit, j'étais dans un endroit où tout le monde s'amusait, ils commandaient tous de la bière et du vin mais ils ont refusé de me servir. (…) Je suis allé à l'agence pour l'emploi, j'ai pris un ticket avec un numéro et je me suis mis dans la file ; ils ont appelé tous les numéros, mais jamais le mien. » Le guitariste de blues *Joshua White* (1914-1969), très populaire pendant la deuxième guerre mondiale, est un ardent activiste qui lutte contre la ségrégation américaine jusqu'au cœur de ses chansons. En 1941, White sort un autre album intitulé *Southern Exposure : An Album of Jim Crow Blues* qui évoque les lois ségrégatives Jim Crow et dénonce la discrimination dans l'armée et l'industrie de guerre, notamment avec le morceau *Defense Factory Blues* qui raconte qu'il y est allé chercher du travail et qu'il s'est entendu répondre « Jeune Noir, il n'y a rien pour toi par ici ... » En 1958, Joshua White sort un album intitulé *Chain Gang Songs* comportant, entre autres titres très engagés, le fameux *Trouble* qui énonce clairement « Bon, j'ai toujours eu des ennuis, parce que j'ai la peau noire »... Le disque sort avec difficultés, car très controversé à l'époque. Dans les années 50, l'artiste *Floyd Jones* (1917-1989) compose également plusieurs chansons très politisées, notamment *Stockyard Blues* où il dénonce l'indigence de nombre de Noirs américains et leur rêve d'une vie meilleure en partant s'installer dans les Etats du nord. Mais les illusions ne durent pas car ils quittent la pauvreté du sud pour se retrouver parfois dans les ghettos du nord et le chômage ou, dans le meilleur des cas, des emplois mal payés. Dans sa chanson *Tough Times* ou « Les temps sont durs, » *John Brim* (1922-2003) raconte l'angoisse de perdre son emploi : « J'avais un bon boulot, travaillant beaucoup dans la semaine. Il y a eu un gros licenciement, et pauvre de moi ça m'est tombé dessus. Je suis fauché, dégoûté - dans la misère. Impossible de trouver un petit boulot, rien à manger chez moi. Les temps sont durs, quand on n'a pas d'argent, on ne peut plus être heureux. » En 1952, la blueslady *Big Mama Thornton* chante *Hard Times*, l'histoire d'une femme qui tremble à l'idée d'être mise dehors de son logement, elle est endettée, le propriétaire réclame ses loyers impayés... Le célèbre *John Lee Hooker* participe à cet engagement politique en décriant l'indigence et la faim dans le morceau *No Shoes Blues* (1960) ou « Le blues des sans souliers » qui va ainsi « Pas de nourriture sur ma table ; pas de chaussures aux pieds. » Ainsi que tant d'autres chansons...

Le cynisme devient alors un élément récurrent dans le blues comme dans ce texte qui déclare « Je me tracasse pas parce que je sais que rien ira bien. » / *I don't worry about a thing 'cause I know nothing is going to be all right...*

Dans les années 1960, alors que la chanteuse *Nina Simone* et bien d'autres artistes dénoncent les violences racistes et autres exactions du Ku Klux Klan, nous le verrons, le bluesman *J.B. Lenoir* (1929-1967) crache également sa colère vis-à-vis de la violente ségrégation qui gangrène les Etats du sud des USA. Il compose une chanson pour le jeune étudiant *James Meredith*. En effet, en 1966, cet étudiant activiste manifeste pour l'obtention de l'égalité entre Américains noirs et blancs. Il est visé par un Blanc qui lui tire dessus à plusieurs reprises. Meredith est blessé. J. B. Lenoir reprend cette tentative d'assassinat dans le morceau *Shot on James Meredith* ou « Tirs sur James Meredith. » Il y exprime sa rage et son doute concernant la justice de ce pays. Il demande au président des Etats-Unis de faire quelque chose et s'écrie « Ils ont flingué James Meredith comme un chien. Monsieur le président, je me demande ce que vous allez faire à présent ? Je pense que vous n'allez rien faire du tout... » Les positions politiques sans ambiguïtés du chanteur font de l'ombre à sa carrière artistique.

Classic blues et ragtime.

Il en va de même pour le Vaudeville. Car si les spectacles de cirque ou théâtre - noirs ou blancs - sont faits pour distraire, nous savons qu'ils sont aussi un véritable miroir de la société de l'époque. Les Blancs se moquent des Noirs en faisant de méprisantes caricatures. Dans leur frustration, les Noirs se vengent en se moquant des Blancs. Leurs shows sont très incisifs, très caustiques. Cependant le cirque noir comporte des aspects plus profonds qui représentent de véritables réponses au mépris ambiant. En effet, lors de ces spectacles, la dextérité des musiciens qui jouent du blues, du classic blues, du ragtime... déroute les Blancs. La qualité de leur musique est incroyable ; elle étonne les Américains blancs. Eux qui pensent connaître les Noirs au point de les caricaturer découvrent en eux des aspects inconnus.

Mais encore, classic blues et ragtime sont des indicateurs de changements d'état d'esprit et de comportement chez les Noirs américains. Ces deux genres musicaux réclament leur pleine appartenance à la société américaine mais dans une démarche revendicative différente de celle du blues. En dépit de l'aspect commercial du classic blues et du ragtime, ces innovations musicales sont de véritables innovations sociales qui lancent un défi à l'ordre blanc établi. L'esclave qui se taisait fait place à un Américain qui veut se faire entendre et réclame une juste place dans la société alors qu'avec la ségrégation, il est mis à part, séparé des Blancs. Le classic blues et le ragtime représentent la volonté qu'ont les Noirs de se rattacher à l'Amérique blanche, de s'intégrer à la société américaine puisqu'ils en font partie. Car nous savons que classic blues et ragtime sont, en quelque sorte, nés d'un désir de s'approprier des valeurs occidentales puisque en partie inspirés par la musique européenne ; ils représentent l'acceptation de la musique et de la culture blanche - sorte d'assimilation des codes blancs sans pour autant nier les racines africaines. Avec ses aspects européens, le classic blues est ainsi - pour les Blancs - moins opaque, plus abordable que le blues. Alors que le blues dit aux Blancs : « Nous sommes Noirs, nous avons une véritable identité et des racines profondes,» classic blues et ragtime englobent la culture blanche, ils sont moins imperméables, plus universels... C'est une des raisons pour laquelle lorsque l'immense *Mamie Smith* chante, ses fans blancs viennent assister à ses concerts en dépit des interdits provenant des lois ségrégatives Jim Crow. De même, *Alberta Hunter* (1895-1984) est l'une des premières artistes noires à être accompagnée par des musiciens blancs... Extrêmement populaire dans les années 1920, elle compose la célèbre chanson *Downhearted Blues* en 1923 qui sera interprétée par Bessie Smith. Alberta Hunter fait des tournées en Europe où elle devient célèbre dans les années 30.

Cependant tous les Blancs ne l'entendent pas de cette oreille comme nous le montre l'exemple d'une autre chanteuse à succès. En effet, dans son ouvrage *Blues Legacies and Black Feminism*, la féministe *Angela Davis* relate un épisode savoureux de la vie de Bessie Smith. L'artiste donne un spectacle sous chapiteau en juillet 1927 lorsque des membres du Ku Klux Klan font irruption et commencent à enlever les piquets qui maintiennent le chapiteau. Mais lorsque Smith s'en aperçoit, loin de s'effrayer, elle se dirige vers ces personnes en lançant des insultes et en leur montrant le poing...

Dans ces années 20, ces chanteuses ouvrent aux femmes une porte dans la société américaine. Elles montrent qu'une femme peut travailler et réussir tout autant qu'un homme. Ces artistes véhiculent un balbutiement de féminisme. En outre, étant africaines-américaines, elles donnent également des perspectives d'avenir aux femmes noires.

Urban blues et rhythm-and-blues.

Dans les grandes villes des Etats du nord des USA, nous savons qu'une partie de la communauté africaine-américaine a pris avec succès un nouveau départ en quittant le Sud - et pour d'autres en naissant dans le Nord. Ils gagnent leur vie dans des emplois souvent modestes mais fixes. Ils ont un peu d'argent, peuvent alors se marier, avoir des enfants et pourvoir à leurs besoins. Néanmoins, même loin du sud, même avec du travail et un peu d'argent, ils pensent qu'ils peuvent atteindre une place plus juste et plus humaine dans la société américaine car, si la ségrégation raciale est très vivace dans les Etats du sud, elle existe aussi dans le Nord. Dans ces conditions, ces Américains commencent à changer ; en effet, ils se mettent à penser que leur relation au pays doit être différente. Ils ressentent le besoin d'avoir une véritable place socialement parlant, un autre statut,... Le blues urbain est un reflet de cette transformation psychologique. Cette musique est une réinterprétation de la place des Noirs aux Etats-Unis. Ils ne veulent plus de salles d'attende séparées, de sièges de bus pour Noirs et d'autres pour Blancs, de restaurants interdits aux Noirs... Avec le blues urbain, cette Amérique s'affirme dans un rôle qu'elle n'a pas encore mais qu'elle désire plus que tout. Ce genre musical devient alors l'expression de la voix des Noirs, de leurs revendications ; il a un impact social incontestable.

Le rhythm-and-blues participe de cette revendication car ce style musical est une affirmation des origines africaines et africaines-américaines. D'ailleurs cette musique va jusqu'à exclure les Noirs qui renient leurs racines - essentiellement, nous le savons, ceux de la classe moyenne et supérieure qui se veulent proches de la culture blanche.

Ainsi, dans cette perspective de l'affirmation du « moi » noir, deux changements importants vont ébranler la ségrégation raciale. Tout d'abord, des artistes à succès refusent d'être classés dans la catégorie du *race record* ou « disque racial[1]. » Les chanteurs et musiciens noirs en ont assez d'être enregistrés en tant que Noirs, pour un public noir. Ils ne veulent plus de l'expression « race record » et de la sempiternelle référence à la couleur de peau... Dans leur obstination, ils obtiennent gain de cause. Après la seconde guerre mondiale, l'appellation « disque racial » disparaît pour être remplacée par une formule extrêmement valorisante et qui résume exactement les qualités de la musique noire, c'est l'expression « rhythm & blues » - avec le mot « rythme » qui caractérise l'essentiel de la musique noire et, au mot « racial, » se substitue le mot « blues » synonyme de racines.

En outre à cette période, il se trouve que les compagnies d'enregistrement - alors essentiellement blanches - perdent le monopole du disque noir. En effet, des centaines de maisons de disques viennent à être dirigées par des Noirs, dans le Nord - tout comme dans les Etats du sud - telles que la *Chess Record Company* à Chicago, la *Savoy Records* ou l'*Atlantic Records* à New York. A Détroit dans le Michigan, la célèbre *Motown* verra le jour en 1959.

Jazz et bebop

Les années 1920.

Nous savons que l'époque de l'après-guerre atteste d'une formidable envie de vivre de toute la population américaine après les souffrances et les privations engendrées par le conflit armé. Les années 1920 sont une période de grande modernité avec l'avènement de l'automobile, du téléphone, de la radio, du droit de vote pour les femmes...

Ainsi la paix retrouvée engendre-t-elle une forte espérance et particulièrement dans la communauté africaine-américaine. Suite à cette guerre mondiale, tout va changer en Amérique entre les Noirs et les Blancs, les Afro-Américains en sont certains. Car ils ont combattu contre l'ennemi au même titre que les Américains blancs. Ils se considèrent alors comme partie intégrante de ce pays et dans l'euphorie ambiante, ils croient vraiment qu'une évolution des mentalités est possible. D'ailleurs, ces folles années de l'après-guerre semblent réellement marquer une accalmie dans l'histoire de la ségrégation américaine.

Avec cette espérance, la période témoigne d'une prise de conscience du peuple noir américain qui va aboutir à la transformation des mentalités noires. En effet, la première guerre mondiale a changé la donne à bien des égards. Tout d'abord, ces hommes ont bien compris que l'Amérique avait besoin d'eux pour renforcer ses troupes et même s'ils n'étaient pas mélangés aux soldats blancs - mais la plupart du temps incorporés dans des unités spécialement créées pour les Noirs - ils réalisent qu'ils sont indispensables au pays. En outre, le conflit, propulse les soldats américains en Europe. Les Noirs découvrent alors ces pays inconnus ; mais à leur grand étonnement, ils sont, en général, bien accueillis par ces populations étrangères. Ainsi comprennent-ils que non seulement il existe autre chose que les Etats-Unis, mais qu'il existe d'autres comportements que le racisme et la ségrégation. Ceux qui ont eu la chance d'être épargnés par le conflit meurtrier vont, à leur retour en Amérique, raconter à leur entourage ce qu'ils ont vu et entendu à l'étranger. Pourquoi ce bon accueil en Europe alors que l'Amérique les rejette ? Après une telle expérience, rien ne peut plus être comme avant.

Et puis, nous savons que beaucoup d'Africains-Américains des Etats du sud partent travailler dans les industries du nord - notamment les industries de guerre - et voient la différence de traitement. Car même si la vie n'y est pas toujours facile, ils jouissent de plus de liberté ; la ségrégation y est moins marquée, le passé esclavagiste n'existant pas dans cette région…

Tous ces événements permettent aux Noirs de prendre du recul, de faire progressivement évoluer leur mentalité et d'affiner leur sens critique. Leur vision du monde s'élargit… Aussi une ère nouvelle est-elle en train d'éclore dans cette communauté ; une ère nouvelle qui va mettre au monde un Américain moderne, façonné et éclairé par les événements. Le jazz incarne cet extraordinaire changement d'état d'esprit. L'Ere du jazz est lancée. Pour créer ce genre musical, les musiciens afro-américains se rapprochent de la musique occidentale. En effet, nous l'avons vu, ils troquent la bonne vieille guitare du blues contre des instruments européens - trompettes, pianos, saxophones,… et adoptent des harmonies inspirées de l'occident, mais toujours à travers le filtre de leur tradition orale. Très vite cette musique inonde le pays avec les Big Jazz bands dont le célèbre *Creole Jazz Band*[1] et les Blancs sont subjugués. Ce phénomène crée un paradoxe car en adhérant totalement à ce nouveau genre musical, la communauté blanche se rapproche de la culture africaine-américaine et reconnaît aux Noirs américains de grandes capacités et d'immenses talents, ce qui contraste fortement avec le contexte ségrégatif - car malgré l'euphorie de l'époque, la ségrégation raciale persiste. Une question se pose alors : comment le jazz peut-il être apprécié et compris par une nation qui rejette les Noirs, les traite indignement, bafoue leurs droits les plus élémentaires ? Car l'engouement est immense chez les Blancs, musiciens ou auditeurs. Ainsi, par son esthétique, sa puissance, sa profondeur, la musique jazz tend à fissurer certaines barrières raciales… D'ailleurs, durant cette période, musiciens blancs et noirs évoluent dans une entente plutôt cordiale, jusqu'à un certain point cependant...

Le succès du jazz fait que les musiciens blancs tentent de reproduire cette musique… en essayant de copier le « style noir » ou *colored style*. Ils jouent alors une musique imitée, diluée. *Miles Davis* affirme que les Blancs ne peuvent pas gagner quand il s'agit du jazz car ce sont les Noirs qui l'ont créé[2]. Et même si ce genre musical s'inspire, en certains points, de la musique européenne, il reste connecté à l'histoire de la communauté noire. Les techniques musicales afro-américaines sont fondées sur des références sociales et culturelles qui leur sont propres, sur la tradition orale ancestrale dont les Blancs ignorent tout. Dans le jazz, l'intuition du moment prime sur toutes les partitions et sur tous les critères musicaux des Blancs qui n'ont pas accès à la complexité de la musique africaine-américaine... Pourtant, dans ce contexte de ségrégation, nous savons que ce sont les grands orchestres blancs[3] qui sont portés au pinacle. L'auteur *R. L. Means* rappelle que ces musiciens sont appelés les « rois du jazz. » Les artistes les mieux payés sont Blancs, certains gagnent des sommes faramineuses.

    L'imitation du style musical noir par les Blancs a d'importantes répercussions. Tout d'abord, l'immense succès du jazz fait prendre conscience aux musiciens afro-américains de leur talent et leur donne une grande confiance en eux. En outre, une colère grandit car ils se sentent souvent spoliés par les Blancs qui les copient. Leur succès en tant que musiciens va, à un certain moment, les amener à vouloir préserver jalousement leur œuvre. Voilà pourquoi ces artistes cessent de s'ouvrir aux Blancs ; ils se replient, s'isolent afin de préserver leurs secrets musicaux. Ils ne veulent pas que les Blancs volent leurs techniques et autres innovations. Au-delà de l'aspect joyeux et moderne du jazz, ce style nouveau transcrit bel et bien la réalité des relations entre Noirs et Blancs. Toujours cet espoir d'égalité, de justice, toujours ce désir d'intégration de la part des Noirs ; mais le refus tenace des Blancs engendre amertume, colère, repli sur soi... La musique noire est un livre d'histoire ; le jazz est l'une de ses plus belles pages...

    Afin de ne plus être plagiés par les Blancs, les jazzmen afro-américains essaient de trouver des astuces pour moins se dévoiler. Certains groupes de jazz refusent d'être enregistrés sur des disques car ils permettent aux Blancs de reproduire facilement cette musique. Et, comme pour le vocabulaire spécifique à la communauté noire, secret, codé pour rester à l'abri de l' « ennemi, » dès qu'un Blanc maîtrise une technique musicale noire, les Afro-Américains en changent... En conséquence, l'innovation musicale est véritablement stimulée, c'est la clef de la préservation, du caractère privé, de la musique noire. En agissant ainsi, ces artistes reviennent aux racines du blues qui est - rappelons-le - une musique exclusivement rattachée au peuple noir américain. Les jazzmen des années 20 refusent que leur culture se dilue dans la culture blanche. Le musicien prend, d'une certaine manière, sa revanche sur la communauté blanche qui souvent méprise les Noirs. Il affirme sa culture ancestrale, il est fier de ses racines.

Ces relations troublées entre Blancs et Noirs sont à l'origine d'une résistance qui grandit dans la communauté africaine-américaine de l'époque. La colère engendrée par la ségrégation aboutit à une vague de nationalisme, d'isolationnisme, qui se développe irrémédiablement dans la classe noire américaine défavorisée. La fierté d'appartenir à une tradition si riche, si ancienne y est exaltée. Mais ce qui est notoire, c'est que la classe pauvre entraîne dans son sillage la classe moyenne noire - elle qui tentait souvent, nous l'avons vu, de se rapprocher des Blancs en reniant ses origines. La classe moyenne afro-américaine réagit et adhère, tout au moins en partie, à ce nationalisme de l'après-guerre. Elle commence à revendiquer ses droits et proteste contre les lois Jim Crow, ces lois ségrégatives qui maintiennent les Noirs dans la douleur de leur passé d'esclaves.

Ce mouvement de valorisation des racines - qui se traduira par le slogan *Black is beautiful* dans les années 1960 - s'étend aux milieux intellectuel et artistique touchés de plein fouet par ces changements de mentalité. La période est appelée la « Renaissance noire » ou *Negro Renaissance*, au cœur de laquelle évolue un Américain noir moderne. Entre les deux guerres, de 1918 à 1937, le quartier de Harlem à New York devient un symbole de ce courant avec la *Harlem Renaissance*, lieu de rendez-vous des intellectuels et artistes noirs américains faisant la promotion de la culture africaine-américaine, non pas en vue d'une scission avec la communauté blanche mais bel et bien dans l'objectif d'obtenir l'intégration des Noirs dans l'Amérique blanche[4]. Les membres de cette « renaissance » mettent alors en exergue leur littérature, leur poésie, les arts plastiques... La musique est également valorisée et notamment le negro spiritual qui donnent aux Blancs une image valorisante des Noirs. Mais ni le blues, ni le jazz n'y sont promus - tout au moins dans les premières années - car trop populaires, trop liés à la classe défavorisée, et, comme le dit l'auteur *Ralph Ellison,* considérés, par les classes moyenne et supérieure noires, comme des formes d'expression inférieures.

Dans ce contexte, des musiciens de jazz se positionnent sans concession contre l'injustice sociale qui gangrène les Etats-Unis. Cette tendance sera timide dans les années 1920 mais bien plus marquée à partir des années 30. Le jazz étant essentiellement instrumental, les mots ne peuvent être utilisés pour véhiculer des messages rebelles. C'est pourquoi les jazzmen qui veulent montrer du doigt ce système injuste vont utiliser divers moyens : la très bonne qualité de leur musique, par exemple, pour montrer que les préjugés des Blancs sur leur infériorité ne sont pas fondés ; ils donnent parfois un titre évocateur ou engagé à leurs morceaux musicaux ; ils expliquent quelquefois la signification de leur musique dans des interviews ; ou bien s'engagent-il en participant à des concerts donnés pour la cause des Noirs. Ainsi, le trompettiste Louis Armstrong, bien que critiqué pour son côté « Oncle Tom » à la solde des Blancs, a récriminé en chantant en 1929 son morceau *What Did I Do To Be So* qui peut se traduire « Qu'ai-je fait pour être ainsi » et qui déclare : « Mon seul péché réside dans ma peau. Qu'ai-je fait pour être si Noir et « bleu /triste » et, en version originale : *My only sin is in my skin. What did I do to be so black and blue* - allusion plutôt courageuse dans ce contexte ségrégatif. Armstrong ira encore plus loin dans les années 50 et 60. Il en va de même pour le grand Sidney Bechet qui, d'après l'historien *Richard Hadlock,* combattit tout aussi ardemment la ségrégation raciale. *Frank Newton* (1906 -1954), également trompettiste, sera de même un virulent supporter de la cause noire tout au long de sa carrière. Il accompagnera, entre autres, Billie Holiday dans son interprétation de *Strange Fruit*. Dans ces années 1920, le trompettiste de jazz *Thomas Morris* (1897-1945) est membre d'une église chrétienne nommée *Father Divine's Universal Peace Mission Movement*, une tendance chrétienne fondamentaliste qui réclame l'égalité des personnes et des peuples. Morris enregistre avec Mamie Smith, Sidney Bechet,... En outre, le joueur de trombone et activiste *Roy Palmer* se produit à Chicago pour l'UNIA, l'association de Marcus Garvey. En 1921, *James « Steady Roll » Johnson*, pianiste et chanteur de jazz s'implique dans une organisation politique qui prend aussi la défense des Noirs... A la fin des années 20, certains musiciens comme Duke Ellington ou Sidney Bechet produisent une musique encore plus « noire, » plus fidèle à la tradition, faisant fi des critères européens. D'ailleurs Duke Elligton est l'un des premiers musiciens à appeler sa musique *Negro music* / « musique noire, » revendiquant ainsi ses origines. Son activisme n'est pas toujours visible, parfois souterrain mais bien présent. Ainsi, chacun de ses contrats stipule qu'il refuse de jouer devant un public ségrégué, c'est-à-dire interdisant la présence d'Africains-Américains.

C'est à cette période que de nombreuses organisations de défense des Noirs se mettent en place, afin d'obtenir plus de justice et d'égalité. Ces organismes sociopolitiques appuient le changement significatif qui affecte la mentalité des Noirs, cette identité nouvelle évoquée auparavant et accompagnée d'un désir d'une affirmation de soi, des valeurs et capacités. Le célèbre critique de jazz *Stanley Crouch* déclare que cette dynamique s'apprête à devenir une force sociale qui annonce le mouvement pour l'obtention des droits civiques des années 50-60. Cependant, au sein de ces organismes, un événement notoire intervient. En effet, dans les années 1925, les associations de défense des Noirs américains, comme la NAACP[5], commencent à s'intéresser au jazz d'un point de vue politique alors qu'auparavant elles ont souvent méprisé cette musique. Car nous savons que, comme le blues, le jazz est une musique populaire, trop populaire et, pour les leaders politiques noirs de l'époque, ce style est connoté négativement, il manque d'esthétique, de profondeur... de classe en quelque sorte. Cependant, en constatant l'immense succès de ce genre musical dans la société américaine, les meneurs politiques comprennent que cette musique peut être un atout dans leur combat. Ces organismes qui luttent pour l'intégration des Noirs ont besoin d'accrocher l'opinion publique et le jazz va les y aider. Ils reviennent alors sur leurs préjugés et reconnaissent les aspects positifs du jazz, la capacité des musiciens, la valeur artistique de cette musique. Et dans la lignée de l'historien *August Meier* qui affirme que les Africains-Américains ont quelque chose à offrir à la nation, les défenseurs de la cause noire admettent que leur communauté peut être fière du succès du jazz qui met à mal l'idée de la suprématie blanche... Ces organisations font alors appel à des artistes, dont Duke Ellington, et à des orchestres de jazz pour animer leurs rassemblements et autres conventions.

En outre, certains artistes noirs vont renverser la situation économique du moment. Car, à l'époque, dans le domaine artistique, les Noirs ne peuvent pas être autonomes financièrement ; ils dépendent souvent du bon vouloir des Blancs d'un point de vue financier d'où la soumission de certains musiciens - car tous les artistes ne sont pas des résistants à la ségrégation. Nous savons que les maisons de disques blanches leur sont très souvent fermées. Le système du disque racial est injuste. Pourtant la musique noire remporte un immense succès ; le peuple noir américain aime et plébiscite cette musique. Comment utiliser cette véritable manne au profit des Noirs ? En prenant son destin en main, en devenant indépendants, c'est-à-dire en créant ses propres maisons de disques - une véritable révolution dans la société américaine[6]. Ainsi, en 1921, *Harry Pace* crée la maison de disques *Black Swan Records* à Harlem - premier label noir à grande diffusion, appartenant à des Afro-Américains et destiné au public afro-américain. L'objectif politique est clair, anéantir les préjugés des Blancs sur les Noirs, montrer les capacités et talents des Noirs américains en s'affranchissant des Blancs.

Cependant la terrible dépression économique de 1929 vient rompre cette dynamique. En ce mois d'octobre 1929, le marché financier américain s'effondre, c'est la Grande Dépression / *Great Depression*. Un désastre qui va durer jusqu'au départ de la seconde guerre mondiale en 1939. De nombreuses usines et autres entreprises ferment mettant des millions de personnes au chômage. La communauté africaine-américaine est touchée de plein fouet... Que devient la musique dans un tel contexte ? Les gens n'ont plus de quoi se nourrir, qui peut alors acheter des disques ou assister à des concerts de jazz ? L'industrie du disque est ruinée. Les clubs, les cabarets, les établissements musicaux ferment les uns après les autres. Ils ne restent que quelques orchestres qui essaient tant bien que mal de gagner leur vie. Alors, les musiciens noirs qui ont la chance de pouvoir se maintenir dans le milieu musical n'ont pas le choix. Ils doivent revenir à la case départ et faire ce que le public blanc leur demande. Ils sont réduits à produire une musique commerciale, sans âme, sans racines pour gagner de l'argent. Ceux qui refusent doivent se recycler comme Sidney Bechet qui ouvre une échoppe où l'on cire les chaussures ! En outre, la ségrégation se renforce. Les musiciens qui reprennent la route pour faire des tournées y sont parfois violemment confrontés.

Les années 1930.

Dans les années 30, la société américaine est toujours engluée dans une sévère crise économique. En outre, la ségrégation raciale continue de battre son plein dans tous les domaines de la vie. Le trompettiste *Roy Elridge* - très prisé à l'époque - n'hésite pas à dénoncer les injustices raciales dont il est victime lors des tournées musicales qu'il effectue, et celles subies par ses collègues africains-américains. Par exemple, les artistes noirs ont des statuts inférieurs à ceux des Blancs, la différence de traitement est souvent flagrante. De plus, Elridge raconte que pendant ces tournées, il n'est pas rare que les Noirs se fassent agresser. Dans ce climat d'insécurité, il fait d'ailleurs suivre une arme au cas où….

Injustices et inégalités vont exacerber la réaction de la communauté afro-américaine. C'est la raison pour laquelle l'activisme noir - politique et social - prend de l'ampleur sur un plan national. A partir des années 30, se développe un mouvement pour l'acquisition des droits civiques, et tout spécialement à Harlem. Cet activisme se fait notamment par le biais d'organismes qui luttent pour l'égalité des Noirs et des Blancs aux USA. Cette pression qu'imposent les Américains blancs aux Américains noirs fait que la lutte de la communauté afro-américaine, pour plus de liberté, se radicalise. Dans la classe pauvre, la solidarité entre Noirs augmente et puis ils sont en nombre et cela leur procure un sentiment de force ; l'identité et la conscience noires se renforcent alors dans un regain de nationalisme : culture noire et fierté des racines reviennent au premier plan. Directement connectée au domaine social, la musique connaît la même tendance. Dans ce climat rebelle, deux tendances marquent le monde musical afro-américain. Tout d'abord, le jazz revient plus que jamais à ses racines. D'autre part, cette musique poursuit son soutien à la cause activiste noire.

En effet, une rupture a lieu entre swing[1] et jazz. L'incroyable succès que connaissent les orchestres swing ne cesse d'aller crescendo. Nous savons que les musiciens noirs qui s'adonnent à ce genre musical le font souvent pour des raisons économiques. Le public raffole de cette musique. C'est une aubaine pour les musiciens motivés par l'argent. Mais il n'y a plus de distinction entre musique noire et musique blanche. En fait, la musique noire devient une musique blanche et perd toutes les spécificités liées aux traditions orales africaine et africaine-américaine…

Face à ce style « facile,» une soif d'authenticité se développe chez d'autres musiciens. Une partie des jazzmen africains-américains réagit en se séparant du courant musical trop occidental pour revenir aux racines, à l'esprit du vieux blues. Ainsi les années 30 marquent-elles un retour du jazz ancré dans la tradition orale avec des techniques musicales issues de cette tradition. Pas de musique écrite, pas de partition, tout est joué à l'oreille. L'improvisation, la spontanéité et la musique collective reviennent au devant de la scène notamment avec les *jam sessions,* ces morceaux collectivement improvisés qui peuvent durer des heures ou plus, joués par des artistes passionnés, dont la musique coule dans les veines. Le célèbre *Count Basie* en est un maître. Les jam sessions ont lieu devant des publics souvent modestes mais également issus de la tradition. Fini les auditoires immenses ; il n'y a d'ailleurs pas toujours de public. Les musiciens jouent alors pour le plaisir. La ville de Kansas city est très célèbre pour ces jam sessions. L'antique technique du call and response est également reprise par les jazzmen, entre autres par *Bennie Moten* et son orchestre où les instruments se répondent. Ces choix musicaux entraînent un changement de statut du jazz. Ainsi l'image peu flatteuse qui lui collait à la peau durant les années 1920 se modifie. Jusqu'alors considérée, nous l'avons dit, comme une musique « prolétaire, » appréciée de la classe défavorisée, le jazz touche de plus en plus les couches sociales moyennes et supérieures.

C'est pourquoi cette musique qui a, depuis les années 1925, commencé à intégrer le champ politique va, à partir des années 30, véritablement soutenir la cause activiste noire et développer des liens forts avec ce combat. Les associations politiques ont besoin d'argent et font appel aux jazzmen qui se produisent en concert et récoltent alors des fonds très utiles à la vie de ces organismes. Ainsi, des musiciens comme Cab Calloway, Fletcher Henderson, Fess Williams… mettent-ils leur talent au service de la défense de la justice pour le peuple africain-américain et l'égalité. En 1929, le pianiste et chef d'orchestre Duke Ellington joue pour soutenir la NAACP. Ellington est l'un des plus présents dans cette lutte. Son engagement a pourtant souvent été ignoré car cet artiste, nous l'avons dit, n'a pas combattu de manière frontale mais plutôt indirecte. Ainsi émet-il peu de critiques ou de paroles négatives. Pourtant ses propos et pièces musicales dénoncent ouvertement le racisme, l'injustice que subit son peuple depuis tant d'années[2]. A cette époque, son orchestre est considéré comme le meilleur groupe musical afro-américain. A partir des années 30, la musique d'Ellington exprime véritablement l'identité noire connectée aux racines, à la tradition orale, comme le faisait le blues originel. Dans une interview de 1930, il affirme qu'il ne joue pas du jazz mais qu'il essaie d'exprimer les sentiments d'un peuple[3]. De même, en 1931, déclare t-il que la musique de ceux de sa race est le résultat de leur établissement sur le sol américain et de la tyrannie endurée à l'époque des plantations. « Ce que nous ne pouvions pas dire était exprimé dans la musique et le jazz est plus que de la musique sur laquelle on danse[4]. » L'objectif du musicien est double : exprimer l'histoire des Africains-Américains à travers son œuvre musicale, et dire la fierté d'appartenir à ce peuple. Ellington redonne alors un nouveau contour à la musique jazz, une nouvelle légitimité. Grâce à lui, beaucoup d'autres musiciens prennent le chemin de l'activisme.

Les années 1940.

Alors que les années 40 marquent la participation des Etats-Unis dans la seconde guerre mondiale, la colère va crescendo dans la communauté afro-américaine. En effet, les Noirs américains constatent que, si les USA sont entrés en guerre pour défendre la démocratie, la démocratie et la justice ne règnent pas aux Etats-Unis… Pour les Africains-Américains, combattre pour la liberté quand la ségrégation légale, avec les lois Jim Crow et autres lynchages sévissent sur leur territoire est une vaste hypocrisie. Dans ce contexte de conflit armé, l'industrie de guerre refuse souvent d'embaucher des Noirs. En outre les soldats noirs américains qui participent aux combats ne dorment pas dans les mêmes endroits que les soldats blancs. Ils n'ont pas de postes rutilants mais sont souvent relégués aux cuisines, à l'approvisionnement. Ceux qui se battent aux côtés des Blancs sont regroupés dans des « unités noires » ou *negro units*. Mais puisqu'ils se battent pour l'Amérique, ils espèrent que le gouvernement américain en tiendra *enfin* compte à leur retour, qu'ils seront mieux traités, qu'ils obtiendront les mêmes droits que les Blancs. Pourtant une fois la guerre achevée, il n'en est rien, rien ne change pour eux…

Ces injustices transforment la conscience noire américaine en profondeur. Le changement de mentalité amorcé pendant la première guerre mondiale se poursuit et se renforce. Les Américains noirs analysent, observent, affinent leur sens critique. Ainsi supportent-ils de moins en moins cette situation sociale inique. La montée du ressentiment et de l'exaspération est palpable. La matérialisation de cette colère va prendre bien des formes, dont certaines radicales. Menaces et intimidations secouent la présidence américaine. Certains leaders activistes, dont *A. Philip Randolph*, avertissent que si rien ne change, une gigantesque marche de contestation sera organisée. Devant cet ultimatum, le Président Roosevelt intervient pour tenter de calmer le jeu… En outre, une lutte très violente prend corps, notamment en 1943, sous forme d'émeutes sanglantes. En juin 1943 la ville de Détroit (Etat du Michigan) s'embrase. C'est une révolte non préparée, tout à fait spontanée où la classe défavorisée crie sa colère contre les injustices qui sévissent dans leur pays. Puis c'est le quartier new-yorkais de Harlem qui se déchaîne violemment en août 1943. Souvent, ces mouvements sociaux débouchent sur la création de nouvelles organisations noires américaines, toujours dans le but de lutter contre la ségrégation raciale, les injustices, les inégalités aux USA.

Que deviennent les musiciens afro-américains dans le contexte de la seconde guerre mondiale ? Les jeunes en âge de combattre rallient les troupes. Les groupes de musique, les orchestres sont souvent déstabilisés par ces changements. Il faut remplacer les absents, les formations se refondent ; parfois de très jeunes musiciens, des adolescents, sont embauchés dans les orchestres[1]. En outre, des musiciennes chevronnées sont mises en avant et prennent une place qu'elles n'ont pas eu jusqu'alors, notamment dans des groupes entièrement féminins comme les *International Sweethearts of Rhythm*, formation créée à la fin des années 1930 et qui perdurera jusqu'au milieu des années 40. Ce groupe est très célèbre car chanteuses et musiciennes s'y côtoient sans distinction de couleur de peau. En outre, durant ces années de guerre, l'industrie du disque est gravement touchée par une pénurie de matériel de fabrication des disques, entre autres. Il devient ainsi impossible de faire des enregistrements[2].

Quant au jazz de cette époque, il est bien entendu très marqué par les événements politiques et sociaux. Nombre de musiciens ressentent ce mécontentement car ils observent ce qui se passe dans leur pays, analysent les faits et en tirent les conclusions qui s'imposent. Leur jugement sur la société est souvent cynique car ils voient bien que le seul problème aux yeux des Blancs, c'est la couleur de peau des Afro-Américains. Même s'il a un très bon niveau d'études, une bonne profession... un Américain noir est avant tout un Noir. Alors la nouvelle génération de musiciens réagit. Elle ne s'en laisse pas compter. Elle se méfie de la politique et des hommes politiques, ne leur fait plus confiance. Elle n'a pas l'intention de courber l'échine... C'est pourquoi la musique jazz va, plus que jamais, rapprocher les Noirs - toutes catégories sociales confondues - et les rassembler dans une bulle musicale à l'abri des Blancs.

Ainsi les années 1940 sont-elle marquées par l'émergence d'une musique très impliquée politiquement parlant. Le jazz devient plus radical face à la ségrégation raciale. L'engagement politique des jazzmen de cette époque passe par un retour aux sources musicales de la tradition orale. En effet, de nombreux artistes reviennent aux anciennes formes de jazz. Ainsi le batteur *Kenny Clarke* utilise t-il un style de percussion qui rappelle les tambours africains - allusion très claire à la fierté des racines. De même, *Count Basie* délaisse les grands orchestres pour revenir aux petites structures musicales d'avant, jouant une musique moins superficielle, moins commerciale, enracinée dans la tradition orale africaine-américaine et qui met à l'abri des « copiés collés » des Blancs.

Et puis certains artistes continuent d'utiliser la musique pour critiquer la société américaine faisant fi des éventuelles représailles. C'est le cas de la chanteuse *Billie Holiday*[3]. A la fin des années 1940, la diva du jazz se risque à faire une série de concerts dans les Etats du sud avec le célèbre orchestre du clarinettiste *Artie Shaw* - big band composé uniquement de musiciens blancs... En outre, dans ses tours de chant, Billie Holiday reprend souvent le morceau *Strange Fruit*[4] qui décrit les pendaisons des Noirs américains, les lynchages : « Les arbres du sud portent un fruit étrange, du sang sur les feuilles et aux racines, des corps noirs qui se balancent dans la brise du sud... » - titre que la compagnie *Columbia Records* refuse d'enregistrer. Holiday devient rapidement la cible du Ku Klux Klan...

Le grand Duke Ellington continue à donner le ton. Il reste fermement engagé dans la lutte du peuple afro-américain contre la ségrégation et les lois Jim Crow. En 1941, Ellington compose une revue musicale intitulée *Jump for Joy* / « Saute de joie, » avec des musiciens exclusivement noirs et présentée à Los Angeles. Ce spectacle - qui rappelle fortement les Minstrel Shows - met à mal tous les stéréotypes racistes qui discréditent les Noirs américains, particulièrement dans le monde du spectacle, et pointe du doigt la ségrégation raciale aux USA. La culture afro-américaine y est mise en avant de manière plutôt intellectuelle[5]. Mais ce show qui dénonce le racisme aux USA n'est pas du goût de tous et engendre des représailles, dont des menaces de mort… En 1943, avec la représentation musicale intitulée *Black, Brown and Beige* ou « Noir, Marron et Beige » - allusion directe à la couleur de peau - Duke Ellington raconte l'histoire du peuple noir américain dans son évolution. Cette revue historique relate notamment les difficultés de l'esclavage. Les compositions musicales proviennent directement de l'héritage africain-américain, elles évoquent les work songs, ces chants de travail dont Ellington emprunte les rythmes et les harmonies. La représentation musicale raconte également l'« intégration » des Noirs américains dans la société américaine - thème très controversé à l'époque. Le musicien met l'accent sur le fait que les Noirs évoluent à part des Blancs alors qu'ils devraient être fondus dans un tout… Mahalia Jackson, chanteuse très engagée dans la lutte contre la ségrégation, est l'artiste vedette de ce spectacle. Le 23 janvier 1943, Duke Ellington est invité à produire ce show au *Carnegie Hall* de New York. Durant l'année 1945, il propose une rapsodie intitulée *New World A-Coming* comme une nouvelle offensive contre la ségrégation raciale. Ce titre évocateur annonce la venue d'un monde nouveau dont

Duke Ellington rêve, une société idéale, sans cupidité, sans guerre, où tous sont égaux... L'œuvre de Duke Ellington, dans ces années-là, s'efforce de faire connaître le peuple noir, à différents niveaux, afin que la communauté blanche puisse reconsidérer ses idées préconçues vis-à-vis des Afro-Américains.

A cette époque, des musiciens continuent de répondre positivement aux sollicitations d'organisations visant à lutter pour l'obtention de la justice pour les Noirs américains et notamment la NAACP[6]. Mais une évolution se produit dans les motivations de cet organisme. Nous savons qu'il avait fait appel, dans les années 1930, à certains musiciens noirs pour animer des meetings et lever des fonds. Dans les années 40, la NAACP recrute des jazzmen en tant que soutiens politiques, soutiens de la démocratie, qui peuvent faire le lien avec la Maison Blanche. C'est pourquoi Duke Ellington écrit un courrier au président Truman ainsi qu'à son épouse, les invitant personnellement à un concert organisé par la NAACP le 21 janvier 1951 à la *New York City Metropolitan Opera House* - concert visant la ségrégation et la discrimination.

De même, pendant la période de la « guerre froide[7], » le gouvernement fédéral américain fait appel au jazz en tant que force politique. En 1955, le président Eisenhower et son gouvernement lance un programme appelé le *Jazz Ambassador Program* qui a pour objectif d'envoyer des orchestres de jazz à l'étranger en tant qu'ambassadeurs de la démocratie américaine - phénomène plutôt paradoxal. Le gouvernement américain comprend que le jazz est un instrument intéressant pour contester la guerre froide et le communisme et pour répandre l'image de la démocratie américaine à l'étranger... Le pouvoir politique du jazz est reconnu.

Bebop des années 1940 - 1945.

Un nouveau style musical voit le jour sur le terreau des nombreuses turbulences de cette période. Suite à la seconde guerre mondiale, ce violent combat contre le despotisme d'Hitler, et après la guerre froide entre les Etats-Unis et l'Union Soviétique - qui sont deux combats pour la démocratie - nous savons que la communauté africaine-américaine pointe sérieusement du doigt la ségrégation qui sévit depuis tant d'années sur le sol des Etats-Unis. Dans ce contexte, nous savons qu'une nouvelle génération de musiciens noirs va lancer un jazz moderne, appelé *modern jazz*, *bebop* ou *bop*. Le bebop n'est autre que le grondement d'un peuple qui en a assez. Ainsi ce mouvement musical est-il avant tout un mouvement social. Un autre facteur participe à l'émergence de ce nouveau genre musical. En effet, la deuxième guerre mondiale occasionne des restrictions kilométriques pour ceux qui roulent en automobile et les repères habituels - cabarets et autres endroits de rendez-vous musicaux - changent par la force des choses. Les clubs qui restent fréquentés sont ceux qui sont le plus accessibles en voiture, essentiellement dans les quartiers blancs des centres urbains. Ces nouveaux repères perdurent quelques temps après la fin de la guerre. Pour continuer à gagner leur vie, les musiciens noirs doivent ainsi se résoudre à se rendre dans ces endroits pour s'y produire, mais l'ambiance y est quelquefois hostile, voire irrespectueuse... Mal à l'aise, ces artistes éprouvent le besoin de s'isoler des Blancs, de se mettre à l'abri. Alors, pour se protéger de leur auditoire, les Noirs se rapprochent à nouveau de leur culture ancestrale, puisent dans leurs racines, créant une musique bel et bien ancrée dans la tradition orale africaine-américaine[1] - même si, bien entendu, elle adopte des éléments musicaux européens. Le bebop est caractérisé par des polyrythmies - superposition de plusieurs rythmes différents - des improvisations jouées en petits groupes comme à l'origine... Le nouveau style produit dans ces clubs est sans concession, qu'il plaise ou non au public. Cette musique est révolutionnaire en ce sens qu'elle représente un mode de contestation où s'affirme l'intention farouche des musiciens d'être ce qu'ils sont. C'est la mise en avant d'une véritable conscience noire. Avec le modern jazz, la culture africaine-américaine est dévoilée au grand jour. Et les Blancs ou les Noirs qui ne l'apprécient pas en sont, par définition, exclus...

En fait, le bebop devient une musique très sélecte. Ses musiciens créent une élite artistique unique qui maîtrise des codes musicaux sans lesquels on ne peut faire partie du groupe[2]. En outre, ce jazz moderne représente une véritable posture sociale car, avec lui, émerge une nouvelle mode dans une partie de la communauté noire, une manière d'être « dans le vent, » avec une certaine façon de bouger, une attitude *cool*[3], une culture *hip*, jeune et branchée - Charlie Parker en est un bel exemple. La mode hip représente une exclusivité culturelle, une affirmation de soi par le biais de la culture. Elle délimite la frontière entre le monde des Américains blancs et celui des Américains noirs, un univers que les Blancs ne pourront pas imiter. Au niveau linguistique, le bop engendre une forme d'expression nouvelle - un jargon fondé sur un vocabulaire souvent tiré du lexique musical, participant au besoin qu'ont les Noirs de s'isoler des Blancs. Il s'agit en fait de la mise en place d'un code linguistique pour n'être compris qu'entre Noirs, autrement dit exclure les « ennemis » et resserrer les liens entre utilisateurs du vocabulaire crypté. Et quand les Blancs parviennent à entrer dans le secret, le code change - cette phrase résume le phénomène *A code is no longer a code if the ennemy is hip to it*[4] qui peut se traduire « un code n'est plus un code si l'ennemi le comprend. » Ainsi le vocabulaire africain-américain de l'époque évolue t-il rapidement, particulièrement dans le domaine musical. Cette réalité linguistique n'est pas nouvelle puisque nous savons qu'elle apparaît pendant l'esclavage lorsque les captifs africains et africains-américains durent trouver des moyens de communiquer entre eux sans être compris des maîtres. A partir de là apparaissent des changements de signifiés et de signifiants, des changements de sens, ainsi peut-on utiliser un mot avec un autre sens et c'est avec le jazz que le renversement de sens, déjà utilisé dans le blues, prend de l'ampleur[5]. Par exemple le terme *baby*/ « bébé, » employé pour un enfant ou dans un contexte amoureux, devient commun entre musiciens de l'époque. Utilisé entre hommes, il évoque une virilité sans équivoque…

La culture hip fonctionne parallèlement à la culture des Américains blancs. Le style « cool » de cette époque est en fait une arme activiste, politique et sociale qui défie l'ordre établi. Il se répand comme une traînée de poudre chez les jeunes afro-américains.

Une partie de la jeunesse blanche, et tout particulièrement celle qui rejette le conformisme de la « vieille Amérique, » tente de se rapprocher du bebop et du courant hip, le détournant de son but premier et le rendant, de fait, multiracial. Ils ne parviennent cependant pas à pénétrer totalement cette culture, n'étant pas eux-mêmes issus de la tradition orale africaine et africaine-américaine. Cependant, d'autres Blancs sont hostiles au bebop et à la culture qu'il engendre. En effet, ils réalisent l'importance de ce mouvement qui devient un véritable phénomène social et n'apprécient pas que tant de jeunes Blancs y adhèrent. Et puis ces Américains n'aiment vraiment pas l'idée que les jeunes noirs valorisent et répandent leur propre culture.

La culture hip évoluera en une « culture de la rue » ou *street culture* qui se répandra véritablement dans les années 1950 et 1960 et qui représentera un défi social ouvert, jouant un rôle prépondérant dans la lutte du peuple noir américain contre les injustices sociales et raciales.

Le jazz des années 1950.

Dans les années 50 et au-delà, le jazz continue à être utilisé à des fins politiques par le gouvernement américain qui reconnaît le caractère universel de cette musique qui transcende les différences raciales. Ainsi, entre 1955 et 1969, des concerts sont-ils organisés à l'étranger dans le cadre du *jazz ambassador program*. Des « ambassadeurs du jazz » comme Benny Goodman, Dizzy Gillespie, Duke Ellington, Dave Brubeck... sont sollicités par le gouvernement pour se produire à l'étranger et tenter de jeter des ponts « politico-musicaux » entre l'Amérique et le reste du monde.

Pourtant la ségrégation raciale bat son plein sur le sol américain. Et si beaucoup de jazzmen ont utilisé, depuis bien des années, leur musique à des fins politiques, ce militantisme musical va crescendo dans les années 1950 et devient le centre de la lutte contre les injustices raciales. Des critiques de jazz, dont le célèbre *Stanley Crouch*, ont, à juste titre, dit que cette musique avait favorisé l'éclosion du Mouvement en faveur des Droits Civiques[1]. Car, du profond mécontentement que les périodes 1939-45 et post-45 ont engendré, avec les injustices sociales qui perdurent, les difficultés économiques, la violence, le racisme, le mouvement en faveur des Droits Civiques se développe, lançant un véritable défi à la ségrégation.

Dans ce contexte, les jeunes jazzmen veulent se faire entendre et revendiquent leur couleur de peau et leur culture à travers leur musique. Ainsi la communauté des musiciens noirs acquiert-elle volontairement une nouvelle visibilité. *Charles Mingus* (1922 - 1979) est l'un d'entre eux. Contrebassiste, pianiste de jazz et chef d'orchestre, Mingus est engagé par Louis Armstrong au début des années 1940. Puis il travaille avec *Lionel Hampton* en 1947 et remporte un succès phénoménal en 1950-51 avec son trio bebop *Norvo, Farlow, Mingus*. Mais Charles Mingus est également un fervent militant pour l'égalité entre Américains noirs et blancs[2]. La lutte contre l'oppression et le racisme est l'essence même de sa musique. Il mène son combat à différents niveaux. Tout d'abord, sa musique fait valoir les origines africaines et la tradition orale afro-américaine. Elle puise directement dans les racines de la musique noire, valorisant l'intuition, l'instinct, l'oreille... Son engagement politique et social se traduit aussi dans des chansons et notamment avec son album de 1959 intitulé *Mingus Ah Um* qui contient le morceau *Fables of Faubus*. *Orval Faubus* est gouverneur de l'Arkansas en 1957. Un jour, dans la ville de Little Rock, les gardes nationaux empêchent neuf étudiants noirs de regagner leur établissement scolaire, sur l'ordre de Faubus. Fou de rage, Charles Mingus écrit une chanson dans le cadre de cet album. Pourtant ce n'est pas la colère qui transparaît dans le texte mais bien le mépris. Il se moque et ridiculise ouvertement Faubus. Suite à l'événement de Little Rock, le trompettiste Louis Armstrong sort également de ses gongs. Interviewé, il pousse un cri de colère contre les lois ségrégatives Jim Crow - lui habituellement plutôt humble devant les Blancs et acceptant de se produire sur scène devant des publics ségrégués - composés exclusivement de Blancs ... En 1958, le saxophoniste de jazz *Sonny Rollins* (1930-/) subit des pressions lorsque sort son album politiquement orienté en faveur de l'égalité raciale, intitulé *The Freedom Suite*, avec *Max Roach* et *Oscar Pettiford*.

Outre les messages véhiculés dans les chansons, les musiciens mettent en œuvre d'autres types d'actions. Par exemple, l'indépendance artistique lentement amorcée dans les années 1920, comme nous l'avons vu, avec la création de maisons de disques noires, se développe. Les musiciens américains noirs multiplient la création de labels noirs pour devenir enfin autonomes et éviter les contraintes et les pressions imposées par les Blancs. Voici un exemple, parmi d'autres, du contrôle économique exercé par les Blancs : suite à la sortie du disque *Fables of Faubus* de Charles Mingus, le label Columbia refuse que le morceau sorte avec ses paroles polémiques mais uniquement sous forme instrumentale.

C'est dans ce contexte de ségrégation raciale persistante qu'un nouveau genre de jazz apparaît : le « jazz libre » / *free jazz* ou « avant-gardiste,» encore appelé « nouvelle musique » ou *jazz new wave*. Ce style incroyablement dynamique est caractérisé par une indépendance artistique une fois de plus fondée sur l'émancipation de la musique européenne et sur l'éloignement volontaire des bases musicales occidentales - nouveau rejet des valeurs et de la civilisation européennes[3]. A travers le free jazz, la « conscience noire » est mise en avant, ces artistes reconnaissent d'où ils viennent, ils savent que leur musique prend racine dans celle de leurs ancêtres esclaves et au-delà. Ainsi ces jazzmen se réapproprient-ils la tradition orale africaine et africaine-américaine avec son lot d'improvisations - et souvent d'improvisations collectives - ou encore l'abandon de la gamme diatonique.

Les pionniers de cette nouvelle musique que sont *John Coltrane* (1926-1967), *Ornette Coleman* (1930-2015), *Cecil Taylor* (1929-2018), entre autres, sont considérés comme des phénomènes de la culture noire américaine. C'est le saxophoniste Ornette Coleman qui donne un nom à ce nouveau style qu'est le free jazz en sortant un album intitulé *Free Jazz ; a collective Improvisation,* en 1960. Ses innovations sont incomprises dans le milieu musical car trop radicales pour l'époque. Ses morceaux sont considérés comme inaudibles voire indécents pour certains... Coleman fonde sa musique sur l'improvisation totale, chaque musicien improvise à son gré dans une grande liberté... Pourtant, en dépit des critiques, sa musique influencera réellement le monde du jazz. Quant au saxophoniste *John Coltrane*, il rejoint le quintette de Miles Davis en 1955. Sa musique s'émancipe également des formes occidentales. Il passe maître dans l'art de l'improvisation. Libre, il enchaîne les notes à une vitesse prodigieuse. Son premier album qui sort en 1960 s'intitule *Giant Steps* / « Pas de géant. »

Le *cool jazz* et le *soul jazz* s'inscrivent dans ce courant musical qui représente une affirmation des valeurs noires. En effet, au début des années 1950, nous savons qu'un style de jazz décontracté voit le jour, plus fluide, plus doux, plus lent, c'est le *cool jazz* que le trompettiste *Miles Davis*[4] (1926-1991) immortalise avec la création de son album *Birth of the Cool* / « La naissance du Cool, » enregistré en 1949-1950 mais qui ne sort qu'en 1957. Davis est un trompettiste qui innove et évolue en permanence. Il vient de la vague bebop, joue avec Charlie Parker mais quitte ce quintette au début des années 50 pour fonder un nonette - groupe de 9 musiciens - avec Gil Evans et Gerry Mulligan. Dans ce groupe, Miles Davis ajoute des instruments à vent, des saxophones, un tuba - les percussions passant au second plan. Rejetant les codes musicaux occidentaux, il s'inspire fortement des techniques du blues, avec de longs solos improvisés. L'album Birth of Cool est composé de douze titres dont le célèbre *Move*.

Le contexte social de l'époque est pour beaucoup dans l'émergence de cet autre style musical qu'est le *soul jazz*. En effet, en 1954, un événement majeur va dynamiser la communauté noire américaine. Quelques mois auparavant, un Américain, père de famille, nommé *Oliver Brown* veut inscrire sa fille à l'école la plus proche de son domicile pour des raisons pratiques. Or cette école est réservée aux enfants blancs et Monsieur Brown n'a donc pas le droit d'y inscrire la fillette. La NAACP s'occupe de l'affaire et la met dans les mains de la justice. Au mois de mai, la Cour Suprême américaine rend son verdict et condamne la ségrégation raciale dans cette affaire qui est alors connue sous le nom de *Brown versus Board of Education* / « Brown contre le Bureau d' Education. » La ségrégation est alors rendue inconstitutionnelle dans les établissements scolaires publics. Cette nouvelle inespérée donne confiance à la communauté africaine-américaine, elle chasse l'angoisse et la peur. L'injustice est enfin reconnue au niveau de l'Etat. Cet événement capital engendre une nouvelle affirmation de la culture et de l'héritage noirs américains, l'identité africaine-américaine est renforcée. Le soul jazz en est le reflet avec ses inspirations de blues et de gospel, ses longs solos de saxophone qui donne une teinte très émotionnelle à cette musique qui est destinée à un public noir... Le groupe des *Jazz Messengers* est emblématique de ce courant dirigé par le batteur *Art Blakey* (1919-1990), notamment avec le titre *The Preacher* qui bat des records de vente.

Le jazz des années 1960.

Malgré quelques avancées ponctuelles, l'Amérique est, dans les années 1960, quasiment toujours divisée en deux sociétés séparées, les Blancs d'un côté, les Noirs de l'autre. La coupe est pleine ; le pays est alors parsemé de violentes émeutes. Le président américain *John F. Kennedy* est assassiné en novembre 1963. *Lyndon B. Johnson*, qui lui succède, reconnaît que la ségrégation raciale, avec son lot d'inégalités, est à l'origine de cette situation explosive, notamment depuis la fin de la 2ème guerre mondiale.

L'incroyable dynamisme de la musique noire des années 60 sert plus que jamais le militantisme de la communauté africaine-américaine qui ne lâche rien. Les jazzmen se mobilisent pour soutenir la lutte pour l'obtention des droits civiques. La révolution culturelle et musicale afro-américaine se met au service de la lutte politique et sociale. Le monde des musiciens noirs devient encore plus affirmé, plus visible. Les artistes connaissent la puissance de leur musique et savent qu'elle l'était tout autant dans les champs de coton…

Un élément très important renforce cette action collective, celui de la participation d'une partie de la jeunesse américaine blanche. Son engouement pour le jazz - et le free jazz en particulier - est immense. Or nous savons que ces jeunes qui apprécient la musique et la culture noires sont la plupart du temps réfractaires à l'*Establishment* - pouvoir américain en place - qui lui-même déplore la décadence de cette jeunesse. Ainsi les jeunes contestataires qui vivent « en marge » de la société se retrouvent-ils dans cette musique et cette culture. Mais plus encore. Car, dans les années 60, cette adhésion musicale se transforme peu à peu en soutien de la cause noire, particulièrement dans le milieu estudiantin, sur les campus universitaires. Les étudiants vont faire leur le combat des Afro-Américains et prendre part à la lutte pour l'obtention des droits civiques. Cette musique activiste qu'est le jazz avant-gardiste scelle une alliance entre jeunesses noire et blanche dans ce combat politique et social.

A cette époque, de nombreux festivals de musique - musique jazz en particulier - sont organisés au profit de la lutte pour les droits civiques. Les bénéfices des concerts servent souvent à mettre en place des manifestations de protestation non-violentes contre les inégalités et les injustices raciales. Les musiciens de jazz s'impliquent de plus en plus dans cette lutte.

En juin 1963, *Dizzy Gillespie* et d'autres jazzmen participent à un concert au profit du pasteur chrétien *Martin Luther King* et de son organisation pacifique chrétienne le SCLC[1], dont des adhérents qui manifestaient ont été arrêtés par la police. En outre, au festival de jazz de Monterey en 1963, Dizzy Gillespie annonce qu'il est candidat à l'élection présidentielle américaine qui aura lieu en 1964, voulant ainsi garantir l'égalité raciale et changer le nom de « Maison Blanche » / *White House* en *Blues House* ou « Maison du Blues[2]… ». Il monte sur scène avec ses musiciens et lance au public qu'il présente sa candidature[3]. Il entonne alors le morceau *Vote Dizzy* ou « Votez Dizzy » - version arrangée de son fameux titre *Salt Peanuts* / « Cacahuètes salées. » Le concert est immortalisé sous la forme d'un album intitulé *Dizzy for President* ou « Dizzy Président… »

John Coltrane prend part au mouvement pour l'acquisition des droits civiques en 1963. Il s'implique en donnant des concerts au profit de cette lutte. Mais surtout il écrit un morceau de jazz instrumental nommé *Alabama* enregistré en novembre 1963 en réponse au bombardement d'une église baptiste par le Ku Klux Klan le 15 septembre 1963 à Birmingham (Alabama) qui fait de nombreux blessés et tue 4 fillettes. Trois jours après, le pasteur Martin Luther King fait un discours sur cet événement. Le jazzman John Coltrane aurait modelé la musique du morceau Alabama sur le rythme du discours de King. Différentes cadences s'enchaînent : les vagues de tristesse font place à la détermination de ce peuple à lutter contre le racisme. Interviewé en 1966, Coltrane explique que la musique exprime des idéaux comme l'amitié, la fraternité qui peuvent chasser la guerre. Il sait qu'il y a des forces négatives qui n'apportent que misère et souffrance mais il ajoute : « Je veux être une force véritablement vouée au bien[4]. »

Le jazzman *Max Roach*, batteur, compositeur, a travaillé avec Charlie Parker et Duke Ellington. En 1957, il rencontre l'artiste *Abbey Lincoln* (1930-2010) qu'il épousera en 1962. A cette époque, elle chante, écrit, joue au cinéma. Elle est très belle et n'est souvent remarquée que pour son physique. Issue d'une famille nombreuse, elle est, dès son enfance, bercée par le gospel. Plus tard elle sera grandement influencée par la chanteuse Billie Holiday. Elle a déjà enregistré plusieurs albums de qualité avec des musiciens de renom mais dans un style de jazz plutôt commercial. Sa rencontre avec Roach bouleverse sa vie. En effet, il l'éclaire sur la réalité de la condition de la communauté africaine-américaine ; il fait naître en elle une véritable conscience politique. Dès lors, elle change de coiffure en cessant de lisser ses cheveux, elle les porte naturellement crépus, elle ne veut plus être la très jolie femme sexy qui chante des chansons vides ; elle fait alors ses premiers pas dans le militantisme et devient une grande voix de la musique américaine ainsi qu'une voix forte et impliquée qui défend le mouvement pour les droits civiques. Lors d'une interview au *Times*, Abbey Lincoln explique qu'elle commença sa carrière en tant que jeune femme sexy habillée d'une robe ayant appartenue à Marilyn Monroe. Puis elle ajoute que Max Roach l'a délivrée de cela[5]. Avec Roach et d'autres musiciens engagés comme John Coltrane, Charles Mingus, Ornette

Coleman, elle participe aux premières marches contre la ségrégation.

En 1960, Roach produit un album auquel participe Abbey Lincoln. Le disque fait l'effet d'une bombe dans le contexte de la lutte des Noirs américains contre la ségrégation. Il s'intitule *"We Insist! Max Roach's - Freedom Now Suite."* Des morceaux très engagés s'y enchaînent comme *Freedom Day* / « Le jour de la Liberté, » *Prayer, Protest, Peace* / « Prière, Protestation, Paix » ou la fameuse chanson *Driva' man* qui fait directement allusion aux misères de l'esclavage et montre que près de 100 ans après l'Emancipation des esclaves, rien n'a changé et rien n'est oublié... l'Histoire, les racines, la douleur... C'est cependant le morceau intitulé *We Insist !* / « Nous insistons ! » qui est le plus offensif, le plus bouleversant et qui marquera d'une pierre blanche cette lutte pour la liberté. Il s'agit tout d'abord d'une allusion à la Constitution des Etats-Unis dans la forme, car *We* / « Nous, » rappelle le « Nous » qui est inscrit dans le texte de cette Constitution. Dans la chanson, Abbey Lincoln hurle la tragédie des Noirs américains passant de l'angoisse à la colère. Elle-même le raconte : « Sur un des morceaux, j'hurlais, pleurais, chantais, gémissais... J'exprimais émotionnellement tous les sentiments d'une population meurtrie. (...) Aucune chanteuse n'avait crié jusqu'alors ! Elles miaulaient, faisaient de l'ironie, mais de cris, jamais ! Ce « style » a pris pied dans le free-jazz comme dans le rock[6]. » Mais la nature politique de l'album heurte. Pour les deux artistes, les conséquences ne se font pas attendre. « Une heure après le concert, Max Roach se fit tabasser dans un commissariat de police, » affirme Abbey Lincoln. En outre, la réputation de la chanteuse est entachée et sa carrière s'en ressent. En 2007, elle donne une interview au *Wall Street Journal* où elle évoque le prix à payer pour un tel engagement : « Nous avons tous payé, mais il était important de dire quelque chose. Et c'est toujours le cas[7]. »

En 1961, Abbey Lincoln enregistre son disque *Straight Ahead* - qu'elle écrit avec la collaboration de Max Roach - album aux textes engagés et violents dans la lignée de *We insist !* Cette musique est un retour aux racines historiques et musicales, un mouvement, un élan vers le passé peut-on dire. L'énergie contenue dans ces chants puise en effet directement dans le vieux blues. Entre autres, la chanson *In the Red* / « Dans le rouge, » raconte les difficultés économiques du peuple afro-américain et notamment l'angoisse du compte bancaire à sec... Cet album déclenche la haine d'un critique du *New York Times* : « Dommage, écrit-il. Cette chanteuse si talentueuse est devenue une « négresse professionnelle, » trop impliquée dans les luttes des Afro-Américains. » La chanteuse rajoute : « A partir de 1962, j'ai été rejetée par toutes les maisons de disques. Depuis, je n'ai jamais plus enregistré en Amérique ! Mais j'ai été repêchée par le nouveau cinéma noir. En 1964, j'interprétais le personnage principal du film *Nothing But a Man* - « Un homme comme tant d'autres » en français - de *Michael Roemer*, où l'on montrait pour la première fois les préjugés auxquels se heurte un couple africain-américain[8]. Dans un entretien de 1995 sur France Culture, Lincoln affirme haut et fort qu'elle ne veut pas être appelée chanteuse de jazz. « Jazz est une injure. C'est pour moi un mot obscène. Je suis une artiste noire. Mon nom est Abbey Lincoln. Rien d'autre. » En effet, le mot « jazz » dérangent certains artistes qui le font savoir, comme Charles Mingus qui refuse qu'on le qualifie de musicien de jazz. Pour lui, le « jazz » est un mot discriminant qui veut dire « nègre. » La célèbre artiste Nina Simone tient le même discours.

Dans les années 60, le trompettiste *Cal Massey* (1928 - 1972) se radicalise et devient très engagé dans la lutte pour les droits des Américains noirs. Nombre de ses morceaux musicaux sont imprégnés d'activisme. Le parti des *Black Panthers* / les « Panthères Noires » - virulent soutien de la cause noire - est une véritable source d'inspiration pour Massey[9]. Le musicien joue à plusieurs reprises dans des concerts donnés au profit des Panthères. Cal Massey est rejeté par de nombreuses maisons de disques en raison de son engagement dans la cause noire...

En 1964, les organisateurs du Festival de jazz de Berlin - appelé *Berliner Jazztage* - demandent à *Martin Luther King* de rédiger un texte à l'occasion de cet événement - rappelons qu'à cette époque, un mur séparait la partie est de la partie ouest de la capitale allemande. Le pasteur chrétien écrit alors : « Par la main de Dieu, beaucoup de choses ont été engendrées par l'oppression. Il a donné à ses créatures la capacité de créer, c'est ainsi que sont nées les douces chansons évoquant le chagrin et la joie qui ont permis à l'homme de faire face ( ). » King enchaîne en disant que le jazz témoigne de la vie. Le blues évoque les difficultés de la vie, ( ) les difficultés les plus insurmontables de la vie ont été mises en musique, seulement pour diffuser un nouvel espoir ou un sentiment de victoire. C'est la musique de la victoire. Pour Luther King, il n'est pas étonnant que les musiciens de jazz aient fait leur la quête d'identité du peuple noir américain. Il précise que bien avant qu'écrivains et érudits ne parlent d'identité raciale ( ), les musiciens revenaient à leurs racines ( ). « La puissance de notre Lutte pour la Liberté aux Etats-Unis a été, en grande partie, inspirée par cette musique. » (…) King explique comment elle a donné courage à ces hommes et ces femmes, et les a calmés lorsqu'ils étaient tentés de se décourager. ( )

En 1970, *Miles Davis* enregistre un morceau intitulé *Tribute to Jack Johnson* / « Hommage à Jack Johnson, » qui sort en 1971. Davis se positionne clairement en rendant hommage à cet immense boxeur qui fit trembler l'Amérique blanche en 1908 en remportant le titre de champion du monde de boxe dans la catégorie des poids lourds. Jack Johnson fut le premier Noir américain à obtenir ce titre, ce qui rendit l'Amérique blanche folle de rage et mit le pays à feu et à sang[10]…

Depuis la fin des années 60, rien de très nouveau n'est apparu dans le monde du jazz - comme si le temps s'était arrêté après ces années musicales prolifiques et innovantes, qui reflétaient un contexte politique bouillant…

Chansons activistes à partir des années 1950.

Ces années sont marquées par un événement gigantesque. En 1959, *Berry Gordy* crée la mythique maison de disques noire nommée *Motown* à Détroit dans le Michigan, d'abord connue sous le nom de *Tamla Records* / « Disques Tamla. » Le premier tube qui sort sous le label *Tamla* est *Money* de *Barrett Strong* (1941-/), en 1960 - chanson qui sera reprise par les Beattles. Puis Berry Gordy décide de changer le nom du label pour l'appeler *Motown* qui est la contraction de « Motor town » - la ville moteur - Détroit étant alors la capitale de la production automobile aux USA. Cette maison de disques est créée et gérée exclusivement par des Afro-Américains.

La compagnie a pour objectif de séduire le public noir ainsi que le grand public blanc. Gordy s'entoure alors des meilleurs compositeurs et des interprètes les plus prometteurs. La maison de disques lance un nouveau style de *rhythm and blues* ou *r'n'b* ainsi que la musique *soul* dans les années 1960-70. Afin d'obtenir un plein succès, Berry Gordy innove sur deux plans. Tout d'abord la

Motown a le génie de créer son propre son, un son « typiquement Motown » ou *Motown sound*. *The Temptations* qui chantent *My girl* en 1965 en sont un parfait exemple. Puis Berry Gordy développe un modèle de silhouette glamour qui marquera profondément les années 60 - costumes en satin, robes à paillettes, coupe de cheveux, maquillage… - ainsi que des chorégraphies impressionnantes. La communication visuelle est très travaillée, millimétrée pour ainsi dire. Avec de fabuleux artistes comme *Sam Cooke, Smokey Robinson* ou *Marvin Gaye, Rufus Thomas, Otis Redding, Aretha Franklin, Stevie Wonder, les Supremes, Diana Ross, Martha Reeves et les Vandellas,* et tant d'autres, cette musique populaire monte en flèche dans tous les hit parades. La Motown remporte un incroyable succès et devient, selon l'expression consacrée, une véritable « machine à tubes » ainsi que le plus gros label indépendant des Etats-Unis qui exerce une influence artistique immense sur le monde entier. Cette maison de disques ne produit pas uniquement de la musique populaire ; elle promeut d'autres styles musicaux dont le jazz.

Néanmoins la Motown ne donne pas uniquement dans le glamour et les paillettes. Ce déferlement de musique populaire cache un aspect plus profond. Le label afro-américain incarne en effet l'irrésistible montée en puissance de la confiance qu'acquiert la communauté noire américaine et devient un vigoureux symbole de sa culture qui s'affiche haut et fort dans ces années très revendicatives. Ainsi la maison de disques va-t-elle s'engager dans la lutte pour l'obtention des droits civiques. Cependant, l'aspect revendicatif du phénomène Motown ne se situe pas toujours dans les paroles des chansons - plutôt sentimentales et un brin superficielles. Non, la compagnie brave la ségrégation en parvenant à s'imposer auprès des distributeurs américains blancs. En effet, avant de connaître la gloire et de devenir un véritable empire, la Motown a dû redoubler d'efforts pour faire accepter ses artistes aux distributeurs blancs qui souvent refusaient de diffuser leurs chansons... En outre, en lançant de très nombreux chanteurs africains-américains, la Motown joue un rôle essentiel dans l'intégration raciale et participe au recul des préjugés raciaux car cette musique à succès enthousiasme véritablement le grand public, toutes origines confondues.

 La télévision joue un rôle fondamental dans la diffusion des artistes et des chansons de la Motown. Au regard de leur succès, les chanteurs lancés par le label sont invités sur le célèbre plateau télévisé du *Ed Sullivan Show*, l'une des plus célèbres émissions musicales de l'époque. En fait, la télévision a un impact majeur sur les relations entre Américains noirs et blancs. Elle décuple l'engouement des Blancs pour ces chansons extrêmement populaires. L'influence musicale et culturelle des Noirs sur les Blancs devient alors de plus en plus évidente. D'ailleurs d'immenses artistes comme les *Rolling Stones* ou les *Beattles* eux-mêmes reconnaissent ce qu'ils doivent à la musique noire, au blues en particulier. Mais la télévision fait plus que diffuser de la musique, elle montre des personnes, des visages, des corps, la façon dont ces artistes dansent et bougent. Les concerts aussi deviennent à la mode à cette époque. Ils sont parfois retransmis sur le « petit écran. » Naît alors une attirance entre personnes de couleurs de peau différentes - des femmes superbes comme Diana Ross (1944-/) ou Gladys Knight ; le très sexy Otis Redding (1941-1967) qui est le rythme personnifié, ou Lionel Richie et les Commodores... La culture noire se dévoile, se répand. Les fans sont subjugués. Les préjugés reculent.

Dans un autre registre, des artistes se positionnent sans concession dans ces années 1960. La télévision permet de faire passer des messages directs concernant la ségrégation et le racisme par le biais de chansons très contestataires... La musique reste plus que jamais un puissant outil de revendication. En effet, la colère prend forme dans la chanson populaire noire, tout particulièrement dans les années 1950-60 et ces messages télévisés permettent de faire connaître la situation des Noirs américains à travers les USA et au-delà des frontières américaines... Les *Protest Songs* ou « Chansons Contestataires » - encore appelées *Freedom Songs* ou « Chants de Liberté » - prennent ouvertement position contre la ségrégation raciale aux Etats-Unis et pour l'obtention de l'égalité entre Américains noirs et blancs.

Les messages contenus dans les chansons prennent des aspects divers, de la fierté d'être Noir à la colère grondante... Au début des années 60, le slogan *Black is beautiful* est lancé afin de valoriser la beauté des corps noirs et de la culture africaine. Cette résistance culturelle n'est pas nouvelle ; elle a bel et bien commencé à l'époque de l'esclavage dans les plantations du sud, comme moyen de survie psychologique[1]. L'affirmation de soi en tant que Noir n'a cessé de se poursuivre depuis ; elle atteint son apogée dans les années 1960. D'ailleurs, certains artistes revendiquent leur lien avec le peuple esclave en reprenant de vieux chants ou des morceaux évoquant cette période, comme *Paul Robeson* et son célèbre *Old Man River*, *Harry Belafonte* et sa chanson *Day-O* encore connue sous le nom de *Banana Boat Song*, Otis Redding qui entonne *Chain Gang* ou Diana Ross qui reprend *Strange Fruit*.

Le chanteur et acteur *Harry Belafonte* (1927 /) est né à Harlem. Il fait connaître la musique des Carraïbes aux Américains - le 'Calypso' - car ses parents y sont nés. Belafonte rejoint le mouvement en faveur des droits civiques pour les Noirs américains dans les années 1950 et devient très proche de l'un des instigateurs de cette lutte, un jeune pasteur chrétien nommé *Martin Luther King, Jr.* Harry Belafonte s'est continuellement battu pour l'égalité raciale. Sur scène, ses messages sont clairs. Lorsqu'il découvre qu'il est espionné par le FBI, il change de tactique, et poursuit la lutte essentiellement en aidant à financer le mouvement - organisant des concerts pour lever des fonds, donnant de son propre argent …

Samy Davis Junior, né à Harlem, (1925 / 1990) est l'une des plus grandes figures du show business américain. C'est un artiste complet, il chante, joue de la musique, danse. Il est également activiste au cœur de l'Amérique ségrégative. Davis met à profit sa notoriété pour faire avancer la situation sociale des Noirs. Son arme est la ténacité. Pourtant on lui reproche certains comportements, notamment son amitié avec Frank Sinatra car Sinatra est blanc et, dans cette Amérique ségréguée, Blancs et Noirs ne partagent pas les mêmes restaurants, les mêmes bus, la même vie. Or Sammy Davis n'est pas de cet avis. Il pense que se montrer aux côtés de célébrités blanches comme Sinatra ou Dean Martin ne peut que servir la cause des Noirs en changeant le regard des Blancs sur les Noirs. C'est la raison pour laquelle, dans les années 60, Samy Davis Jr., intègre le célèbre show hollywoodien nommé *The Rat Pack* ou « Club des Rats, » créé dans les années 1950, avec Frank Sinatra, Dean Martin, entre autres artistes. Ce spectacle est une aventure hors norme qui remporte un très grand succès. Il montre qu'une amitié sincère peut exister entre Noirs et Blancs. Ce show frondeur est fait de jeux de mots, d'allusions au racisme, de caricatures du racisme dans une volonté de faire bouger l'Amérique bien pensante. En 1966, Samy Davis Jr., publie son autobiographie intitulée *Yes I can*. Il y évoque ses racines africaines et la condition du peuple noir américain, mentionnant ses propres difficultés face à la discrimination, particulièrement dans le milieu du *show biz*, et son engagement dans la lutte pour les droits civiques des Noirs américains. La NAACP lui attribue une médaille pour ce témoignage.

L'artiste *Nina Simone* (1933-2003) incarne la colère, la rage même, que nombre d'Américains noirs ressentent dans ce contexte ségrégatif. Même si la chanteuse n'a pas adhéré tout de suite à la lutte pour l'acquisition des libertés de son peuple, privilégiant sa carrière artistique dans un premier temps, elle devient profondément activiste à partir de l'année 1964. C'est alors qu'elle écrit la chanson *Mississippi Goddam* qu'elle interprète la plupart du temps devant des publics blancs. Ses prestations semblent extérioriser tout le ressentiment qui est en elle. En effet, le texte relate deux événements très violents de l'année 1963. Au cours d'un attentat à la bombe, revendiqué par le Ku Klux Klan, nous savons que quatre fillettes noires sont tuées dans une église de l'Etat d'Alabama. Le texte raconte également l'histoire de l'activiste Medgar Evers venant d'être assassiné dans l'Etat du Mississippi par un membre du Ku Klux Klan. Dans ces Etats du sud, une ségrégation brutale sévit encore et toujours... Alors la chanteuse hurle en écrasant les touches de son piano : « L'Alabama me rend folle ! ( ) Et tout le monde sait ce qui se passe dans le Mississippi, putain[2] ! » La plupart des chansons de cette artiste sont engagées et soutiennent le combat des Noirs américains. En 1965, Nina Simone reprend *Strange fruit* - titre emblématique de cette violente ségrégation.

Oscar Brown Jr. (1926-2005) est poète, auteur compositeur et chanteur. Dans les années 60, il devient activiste dans cette lutte pour l'acquisition des droits civiques. Il utilise ses chansons pour dénoncer la ségrégation américaine et notamment dans son album de

1960 intitulé *Sin and Soul* / « Péché et Âme » avec des titres comme *Bid 'Em In* et *Afro Blues*, qui seront notamment repris par Nina Simone. Sa chanson *Work Song* retrace l'histoire des *chain gangs*[3] et d'un homme pauvre, affamé, qui a volé dans une échoppe et s'est fait attrapé… Enchaîné avec ses frères d'infortune, ses journées se passent à fracasser des rochers… Cette chanson, rythmée par le bruit des pioches, a été brillamment reprise, en français, par *Claude Nougaro* sous le titre « Sing Sing. » En 1965, Brown sort un album intitulé *Mr Oscar Brown Jr Goes to Washington,* ou « Monsieur Oscar Brown Junior va à Washington, » sur lequel il chante le morceau *Forty Acres and A Mule* ou « Quarante Acres et Une Mule » - allusion directe à l'esclavage et à une promesse qui aurait pu changer totalement la vie de la communauté noire américaine fraîchement émancipée. En effet, après la libération des 4 millions d'esclaves en 1865, suite à la guerre de Sécession, le gouvernement américain propose d'indemniser les Noirs libérés en cédant à chacun 40 acres de terre - environ 16 hectares - et une mule pour les aider dans leurs travaux agraires[4]. Mais la promesse n'est pas tenue… Oscar Brown va plus loin dans sa tentative de faire changer les choses et présente sa candidature à la législature de l'Etat de l'Illinois ainsi qu'au Congrès américain… sans succès.

Dans ces années 1960, bien d'autres chansons militantes sortent comme le célèbre *A change is gonna come* ou « Un changement va venir » de *Sam Cooke* (1931-1964), ou bien *Curtis Mayfield* (1942-1999) qui interprète *People get ready* ou « Peuple, prépare-toi » ; *James Brown* (1933-2006) chante *Say it loud, I'm black and I'm proud* ou « Dis bien fort, je suis Noir et je suis fier » - ce slogan va d'ailleurs être imprimé sur des T-shirts ; sans oublier le célèbre titre de *Marvin Gaye* (1939-

1984) *What' going on* ou « Que se passe t-il ... » Puis c'est au tour de « la Reine de la soul » de lancer des pavés dans la marre. En effet, *Aretha Franklin* (1942-2018) milite également pour les droits civiques. Son succès est immense avec le titre *Think* / « Réfléchis » et le célèbre *Respect* qui devient un hymne féministe dans l'Amérique de l'époque. Franklin est invitée à se produire aux obsèques de Martin Luther King, Jr. en 1968. Elle chantera pour l'investiture du président *Barak Obama* en 2009. En outre, *Sly and the Family Stone* est le groupe de musique pop qui va exercer une grande influence sur la jeunesse américaine. Dans cette formation, chanteurs et musiciens noirs et blancs se côtoient amicalement au grand dam de l'Establishment américain... Ce groupe remporte un vif succès à la fin des années 60 et dans les années 1970.

En 1967, le label Motown est au plus haut de sa popularité. Il est devenu un puissant symbole d'une culture noire qui *compte*, à présent, dans la culture américaine. Mais des émeutes secouent la ville de Détroit - siège de la Motown. Suite à ces révoltes - entre autres raisons - le label Motown s'installe à Los Angeles en Californie en 1972 et s'étend à la production de films et d'émissions de télévision.

En 1963 le président des Etats-Unis J.F. Kennedy est assassiné. En avril 1968, le pasteur Martin Luther King subit le même sort. Avec King, s'éteint le rêve de paix, d'égalité et de fraternité. A la tête de la lutte pour les droits civiques depuis les années 1950, son combat avait toujours été mené dans la paix et la foi en Jésus Christ. Aucune agressivité n'a jamais entaché son parcours, bien qu'il ait été lui-même insulté, harcelé et parfois menacé de mort.

Dans les années qui suivent le meurtre de Martin Luther King, peu de voix s'élèvent pour continuer la lutte. Sa conviction qu'un combat ne peut se mener que de manière pacifique et dans la foi en Dieu n'a pas trouvé preneur... La mort de King marque, en quelque sorte, l'extinction du mouvement pour l'acquisition des droits civiques des Noirs américains. Une grande désillusion envahit alors cette communauté. Durant les années 1970-1990, les inégalités et les injustices visant ces Américains continuent. Le chômage et la précarité augmentent. Une économie « parallèle » s'installe en réponse à la pauvreté. Les trafics foisonnent, la drogue circule, la délinquance se développe. Les ghettos sont très impactés[5] particulièrement celui du Bronx - un arrondissement de New York - qui transpire la pauvreté.

En 1970, le groupe américain noir *The Last Poets* / « Les Derniers Poètes » est l'un des premiers à se lancer dans un style de chanson parlée sur fond de percussions - précurseur du *hip-hop* et du *rap*. Les paroles sont engagées, parfois cinglantes. Avec leur titre *Niggers Are Scared Of Revolution*, ou « Les Noirs ont peur de la Révolution, » le groupe reproche aux Africains-Américains d'avoir peur et de ne pas agir suffisamment pour qu'un changement survienne. C'est le début du rap politique ; il emboîte le pas à la musique noire américaine activiste des années précédentes.

Dans les ghettos, la jeunesse est de plus en plus désoeuvrée, elle traîne dans la rue comme le chante *Randy Crawford* dans le morceau de 1981 intitulé *Street Life* / « La Vie dans la Rue » qui déclare : « Je joue la vie de la rue, parce qu'il n'y a pas d'autre endroit où aller, parce c'est tout ce que je connais (…) mais dans la rue, il vaut mieux ne pas vieillir, sinon, gare au froid (…) » Ces jeunes ignorent probablement qu'ils sont en train de mettre au monde une véritable culture de la rue. Les graffitis commencent à fleurir sur les murs des immeubles, des ponts, des tunnels,... Certains sont de véritables œuvres d'art. En 1980, les DJ noirs américains inventent des sons nouveaux. Le groupe *Grand Master Flash* est l'un des premiers à scratcher/gratter les disques, en les mixant et les remixant. Les adolescents marchent en portant d'énormes postes stéréo desquels hurlent leur musique, pantalons tombant sur les hanches, casquettes vissées devant derrière ; la *breakdance*, aux mouvements saccadés imitant les robots, voit le jour et donne lieu à des spectacles de rues souvent spontanés où les danseurs noirs rivalisent d'habileté. Alors, fondé sur ces éléments, la danse et culture *hip hop* - véritablement originaire du Bronx - enflamme les ghettos américains et impacte le monde entier. Le groupe *Public Enemy* remporte un franc succès en 1982.

Au cœur de cette vie artistique féconde des ghettos urbains, dans ce contexte économique et social éprouvant, un autre style musical émerge de cette culture hip-hop, c'est le *rap*. Tenter de décrire le rap, c'est évoquer son style dépouillé où ne restent que le rythme et les mots. Le rap est sans aucun doute très lié à la tradition orale africaine-américaine. Il se déroule en un long monologue mais pas n'importe lequel. La joute verbale en forme le cœur, alliant dextérité, choix des mots, lyrisme et poésie. Le flux verbal du locuteur est souvent très rapide avec peu d'espace entre les mots. Et puis viendront les gestes typiques et la façon de marcher, mimiques très imitées par la jeunesse du monde entier. C'est une histoire qui est racontée, souvent par des hommes - les rappeuses viendront plus tard - une histoire de vie, d'épreuves, tout comme le faisait le vieux blues en son temps ; et le tout sur un rythme très soutenu, complexe, qui ne surpasse pas les mots mais les porte.

Le rap a plusieurs fonctions - comme l'ensemble de la musique africaine-américaine. Il a tout d'abord une fonction sociale, il donne de la visibilité à cette jeunesse en souffrance. Il lui donne également une voix pour crier son amertume, comme d'autres styles musicaux l'ont fait auparavant. Elle connaît l'histoire de son peuple ; elle n'a plus d'illusion. En colère, exaspérés et désespérés après tant de promesses non tenues, tant d'espérance déçue, ces jeunes jouent du rap pour attirer l'attention de la société sur leur quotidien. Les rappeurs font passer des messages, informent le public. En outre, ce genre musical sert de soupape de sécurité pour cette jeunesse qui se défoule grâce à cette musique.

De plus, le rap unit ces Américains dans une forme de combat, leur procurant un semblant de pouvoir idéologique et politique. Cette solidarité raciale fait de ce groupe une entité soudée et plus forte. Ce style musical donne le courage de surmonter les épreuves. D'un point de vue culturel, le rap est une affirmation de l'identité afro-américaine, de la fierté des origines dans la continuité de ce qui s'est fait auparavant. La journaliste américaine *Kristal Brent Zook* explique que le rap est une affirmation de l'identité culturelle noire, avec une idéologie nationaliste sous-jacente.

A partir des années 80, les messages très politiques se multiplient dans le rap. Ils critiquent essentiellement la politique américaine. C'est pourquoi les rappeurs afro-américains sont dans le sillage de la tradition des artistes qui ont milité après l'Emancipation, ceux des Minstrels shows, les chanteurs de blues revendicatif et autres formes musicales. Entre autre, le groupe *Grand Master Flash* chante *The Message* en 1981 qui raconte la détresse de la vie du ghetto « J'essaie de pas devenir dingue (…) parfois ça ressemble à la jungle… ».

A la fin des années 80, le rap devient plus agressif, violent parfois, outre la politique, il développe des thèmes récurrents comme la drogue, le sexe… En 1991, le rappeur *Ice Cube* chante *A Bird in the Hand*, « Un oiseau dans la Main, » sur son album intitulé *Death Certificate* ou « Certificat de Décès. » « Est-ce que je dois vendre beaucoup de crack pour avoir un logement décent et des vêtements sur le dos ? Ou bien dois-je attendre quelque chose de Bush ou de Jesse Jackson (…) ? Mais les Noirs sont trop fauchés, putain, pour être républicains. » Ice Cube se fait alors le porte-parole d'une bonne partie de la jeunesse noire américaine. *Gansta Rap Made Me Do It,* un titre de son album *Raw Footage* de 2008 fait polémique car ce texte et l'interprète sont accusés de corrompre la jeunesse. En 1993, le groupe *KRS-One* crache sa colère contre la police new yorkaise, dans son titre *Sound Of Da Police* / « Le Son de la Police, » où le chanteur s'adresse à un policier et lui demande : « Etes-vous vraiment pour la paix et l'égalité ? »

Notons qu'à partir de l'année 1992, le groupe *Kriss Kross* met en scène des enfants rappeurs. Avec leur titre *Jump*, ils déclanchent un énorme engouement chez les très jeunes auditeurs et les entraînent dans le rap.

Il est donc clair que la musique rap est issue de l'expérience noire américaine et uniquement de l'expérience noire américaine. Ce style musical est né au sein de la communauté américaine descendante des esclaves du territoire nord-américain. Le rap n'est autre que le reflet de cette histoire et n'a de sens que dans cette réalité historique et sociale.

La musique sacrée.

Si la musique sacrée persiste bel et bien malgré la sécularisation de la société américaine, que devient sa fonction subversive mise au point par les esclaves au moyen des negro spirituals ?

Après sa libération en 1865, nous savons que le peuple noir américain doit affronter la sombre période de la ségrégation raciale, et pour cela la puissance de la foi s'avère être à nouveau d'un grand secours pour la communauté chrétienne afro-américaine ; l'appartenance au Christ continue d'être un chemin contre la ségrégation. Avec le développement du mouvement pour l'acquisition des droits civiques des Américains noirs, et particulièrement avec son durcissement dans les années 1960, l'Eglise noire américaine reste une arche de Noé comme à l'époque des plantations, un havre de paix et de sécurité. Les églises sont des endroits où le religieux et le politique se mêlent, où l'on demande la force à Dieu et où l'on discute d'égalité et de justice sociale, où l'on informe la communauté des avancées politiques, des projets… - écho exact de l'époque esclavagiste où les pasteurs noirs enseignaient la Sainte Bible aux captifs mais toujours dans une perspective de libération et de justice - avec les chants religieux pour ancrer et relayer la subversion…

Ces chants sacrés représentent plus que jamais un ingrédient indispensable dans les rassemblements de prière ou autres conventions chrétiennes de l'après guerre de Sécession. Face à l'adversité, le negro spiritual fait invariablement figure de refuge, c'est le ciment de cette communauté chrétienne contre le monde souvent hostile des Blancs. Cependant s'il s'agit de crier sa foi et sa confiance en Dieu à travers des hymnes, en réalité, l'espérance en une vie meilleure - idée maîtresse des spirituals des esclaves - est toujours d'actualité après leur émancipation.

Dans les années 1950-1960, les negro spirituals vont agir - comme par le passé - à différents niveaux. Tout d'abord ils permettent de vivifier la communauté noire et de donner la force et le courage de se battre. De plus, ces hymnes renforcent l'unité et l'identité profonde. En effet, ces chants anciens enracinés dans la Tradition redonnent confiance en déconstruisant l'image souvent négative que la société blanche a donné des Africains-Américains et en recréant une image positive - comme une renaissance par la grâce divine. En outre ces cantiques donnent de la visibilité au peuple noir. En les entonnant dans des manifestations, des rassemblements, les Afro-Américains signifient aux Blancs qu'ils sont là, oui, bien là, bien vivants… et très déterminés.

Et puis, ces hymnes sacrés, ces chants de liberté vont retrouver leur fonction de vecteur de messages - ancienne stratégie de communication des captifs. Cependant les sens codés des hymnes religieux de la communauté esclave n'ont plus lieu d'être puisque qu'à présent la colère se crie haut et fort.

Ces negro spirituals font partie intégrante des *Freedom Songs* ou « Chants de Liberté » très en vogue dans les années 50. D'ailleurs, comme pendant l'esclavage, le thème de la liberté est central dans la lutte pour l'obtention des droits civiques.

A cette époque, *Mavis Staples* forme, avec des membres de sa famille, un groupe nommé *The Staples*, voix musicale et spirituelle dans la lutte pour l'égalité. Cette chanteuse de blues et de gospel est très impliquée dans le combat pour l'acquisition des droits civiques. Mavis Staples reprend l'hymne ancien *We shall not be moved* qui devient également très populaire dans ce combat. « Nous tiendrons bon comme un arbre planté au bord de l'eau (...) nous nous battons pour notre liberté (...) nous nous battons pour nos enfants (...) » En 1970, le groupe enregistre le titre *We'll get over*, « Nous surmonterons. »

Paul Robeson (1898-1976) est acteur et chanteur. Fils d'un esclave libéré, il est déterminé à faire connaître au monde les injustices que subissent les Noirs américains. En 1951, il présente une pétition aux Nations Unies, accusant le gouvernement américain d'avoir commis un génocide contre son peuple, notamment en raison des pendaisons et des lynchages de Noirs - « poétiquement » décrits dans la chanson Strange Fruit... Robeson est repéré, espionné, harcelé par le gouvernement pour ses appartenances politiques, et bien entendu, sa carrière s'en ressent. Il reprend à son compte negro spirituals et gospels tels que *Steal Away*, *Ol' Man River*, ou *Amazing Grace*.

La « Reine du gospel » *Mahalia Jackson*[1] est l'une des activistes les plus impliquées dans la lutte pour l'obtention des droits civiques. Elle est déjà une star lorsqu'elle rencontre le pasteur chrétien Martin Luther King, Jr. à une Convention baptiste en 1956. Il l'invite à l'accompagner lors de ses interventions pacifiques pour les droits civiques. Elle ne le laissera jamais tomber, fidèle entre les fidèles. Pendant la lutte, elle chante de temps à autre le gospel revisité et adapté au combat *Keep your hand on the plow and hold on*, « Garde ta main sur la charrue et tiens bon, » chant qui explique que l'endurance est une qualité essentielle quand on se bat pour la liberté. Alors que le pasteur King entreprend, dans une église de Chicago, un discours sur l'égalité, dans le cadre du « Mouvement de Chicago pour la Liberté[2], » Mahalia Jackson y interprète le fameux spiritual *Joshua Fit the Battle of Jericho* de sa voix puissante, parvenant à faire sourire King malgré la gravité de la situation... Lors de la marche sur Washington, le 28 août 1963, une foule de 300 000 personnes est venue assister à la manifestation en faveur des droits civiques des Noirs américains, au *Lincoln Memorial*. Mahalia Jackson y chante le negro spiritual *I been buked and I been scorned*, « j'ai étais grondé(e) et méprisé(e). » Elle entonne également le gospel *How I Got Over*, qui sera repris, entre autres, par Aretha Franklin en 1972 : « Comment ai-je surmonté ? (…) Mon âme regarde en arrière et se demande comment j'ai surmonté. (…) Dès que je vois Jésus qui donna sa vie pour moi, qui donna son sang et souffrit pendu sur le Calvaire (…) je veux Le remercier car Il ne m'a jamais abandonnée (…) » Lors de cet événement, le pasteur King déclame un discours méticuleusement rédigé. Mahalia Jackson, qui est sur le podium non loin de lui, l'interpelle en criant et lui demande de parler du rêve qu'il a. Elle change alors le cours du discours - qui deviendra l'un des plus beaux au monde. Car alors, spontanément, sans plus lire son texte et devant une foule électrisée, King improvise passionnément son fameux *I have a dream*, « J'ai un rêve »… En avril 1968, lors des funérailles de Martin Luther King qui vient d'être assassiné, sa fidèle amie Mahalia Jackson chante *Precious Lord, Take my Hand*, « Précieux Seigneur, Prends ma Main, » un des hymnes préférés du pasteur…

Dès le début des années 1960, l'artiste *Odetta* (1930-2008), apparaît comme une voix forte dans le mouvement pour l'égalité entre Américains noirs et blancs. En août 1963, cette chanteuse de negro spirituals et de musique folk, entonne le vieux chant d'esclaves *Oh Freedom !* au Lincoln Memorial, non loin de Martin Luther King. L'hymne deviendra alors un morceau incontournable dans cette lutte. Il sera repris par Harry Belafonte, entre autres. « Oh, liberté, et plutôt qu'être esclave, je serai enterré(e) dans ma tombe ; et retournerai, libre, auprès de mon Seigneur (…) Plus de larmes (…) » Sur son album de

1966, la cantatrice américaine *Shirley Verrett* (1931-2010) reprend l'hymne chrétien Oh, Freedom ! Celle que l'on surnomme « la Callas américaine » chante Verdi, Puccini, Donizetti, Rossini... mais elle chante également le désir de liberté et l'histoire de son peuple, notamment en reprenant le titre Strange Fruit...

Bernice Johnson Reagon (1942-/) est une fervente activiste pour les droits civiques et membre du groupe gospel les *Freedom Singers* ou « Chanteurs de la Liberté » dans les années 1960 - premier groupe militant pour les droits civiques à faire des tournées dans toute l'Amérique. Elle chante notamment *Over my Head I See Freedom in the Air*, « Au-dessus de moi, dans l'air, je vois la Liberté » - morceau sans équivoque... De même, le vieux chant *This Little Light of Mine, I'm gonna let it shine, let it shine, let it shine, let it shine*, « Je vais laisser briller cette petite lumière, » souvent chanté pour les enfants, est remis au goût du jour dans les années 60. Il raconte l'importance de l'unité dans les difficultés et dit que les petites lumières sont capables de rompre les ténèbres. Sam Cooke enregistre ce chant en 1964. Il est puissamment repris dans la chapelle Saint George de Windsor pendant le mariage de Meghan Markle et Henry d'Angleterre en 2018.

Un phénomène nouveau se produit quelquefois au cœur des negro spirituals. En effet, afin d'utiliser ces chants sacrés traditionnels dans un contexte moderne, politique et profane, ils doivent parfois subir des transformations. Les paroles sont alors changées pour s'ajuster à diverses situations et événements du combat pour les droits civiques. Ces variations interviennent afin de produire un message plus persuasif. Le spiritual intitulé *Don't You Let Nobody Turn You Round* / « Ne laisse personne te tromper, » devient un hymne revendicatif, emblème de la lutte pour les droits civiques des années 60, ainsi modifié *Ain't Gonna Let Nobody Turn me 'Round*, « Je ne laisserai personne me tromper.» Alors que le spiritual original parle d'« entrer sur la terre de Gloire, » ou « sur la terre du Paradis, » l'hymne activiste apporte une variante en disant « Je vais continuer à marcher, continuer à parler, marcher jusqu'au pays de la Liberté. » Ce chant est repris par la célèbre chanteuse *Joan Baez* en 1976[3].

L'hymne très connu *We shall overcome*, « Nous vaincrons/surmonterons, » est un chant activiste tiré du gospel *I'll overcome someday,* « Je triompherai un jour, » repris par Joan Baez en 1963 au Lincoln Memorial de Washington et par Louis Armstrong en 1970 ; il est également chanté aux funérailles du pasteur King en 68. « Nous triompherons un jour (…) Nous marcherons main dans la main (…) Nous vivrons en paix (…) Nous n'avons pas peur (…). » L'hymne We Shall Overcome deviendra l'emblème du combat.

En outre, les paroles de ces chants sacrés sont quelquefois modifiées pour viser ouvertement telle ou telle personne, dans des contextes très spécifiques - une manière d'informer le peuple en dénonçant publiquement. Ainsi, en 1961, dans la ville d'Albany (Etat de Géorgie) un commandant de police nommé *Laurie Pritchett* renforce la ségrégation dans les transports publics en dépit de la décision d'une commission entre Etats en faveur de la déségrégation. Le policier donne l'ordre d'arrêter plus de mille manifestants - tous pacifiques. La communauté africaine-américaine maintient la pression sur les autorités locales pour obtenir l'arrêt de cette ségrégation[4]. Alors des activistes transforment le spiritual *Don't you let nobody turn you round* / « Ne laisse personne te tromper » en *Ain't gonna let segregation turn me round (. . .) Ain't gonna let Chief Pritchett turn me round...* « Je ne vais pas laisser la ségrégation me leurrer (…) Je ne vais pas laisser le commandant Pritchett me tromper[5]. » Suite à cette situation, le très ancien negro spiritual *Go Down Moses* est repris par les manifestants et ainsi adapté *Go down, Kennedy way down in Albany Tell ol' Pritchett To let my people go*, « Kennedy, descendant à Albany dire à ce vieux Pritchett de délivrer mon peuple.[6] »

Ces modifications des hymnes sacrés sont intéressantes car elles démontrent bien que, malgré tout, les temps ont changé. Contrairement à la période de l'esclavage où les captifs faisaient passer des messages secrets, codés, par peur des maîtres, dans ces années 1960, la musique est ouvertement révolutionnaire, en dépit du danger... Les activistes s'autorisent une totale liberté d'expression. Car, même si la liberté reste fragile, ces Américains savent qu'ils sont une force, qu'ils sont tous unis dans ce combat, avec l'appui de puissantes associations de défense et … avec l'aide de Dieu.

Post-face.

Le peuple noir américain a été accouché et façonné par les événements historiques et sociaux auxquels il a été confronté. Les Africains captifs, arrachés à leur terre natale et transplantés de force sur le sol nord-américain, ont progressivement été transformés par l'histoire américaine, qui est devenue *leur* histoire. L'Amérique a mis au monde un homme noir nouveau, doté d'une identité nouvelle. Véritablement enraciné dans sa culture africaine d'origine, le peuple africain-américain n'en est pas moins un pur produit américain, qui a lui-même participé à l'élaboration de l'histoire de l'Amérique.

La musique afro-américaine est le vivant témoignage d'une réalité socio-historique souvent éprouvante. Née des iniquités sociales, elle est le résultat de tentatives d'adaptation et de réactions aux événements politiques et sociaux - d'où son caractère non-statique mais en perpétuelle évolution. C'est parce que ce peuple a été privé de liberté pendant et après l'esclavage que sont nées la culture et la musique afro-américaines ; la négation de leurs droits les plus élémentaires a donné naissance à une formidable source artistique, linguistique et culturelle directement issue du dynamisme de la tradition orale africaine. S'appuyant sur des éléments européens comme les instruments ou d'autres caractéristiques musicales, la musique africaine-américaine puise une partie de ses racines en Afrique, donnant ainsi naissance à des styles propres, uniques, distincts de la musique américaine occidentale. Le vécu du peuple américain noir, son expérience parfois joyeuse, souvent douloureuse sont inscrits dans sa musique.

Outre son aspect agréable et réjouissant, la musique afro-américaine comporte bien des fonctions. Musique de résilience qui aide à dépasser les épreuves, elle a permis d'unir le peuple afro-américain dans l'adversité. Comme le dit l'activiste *Bernice Johnson Reagon,* les chants de liberté ont regroupé le peuple noir à une époque où rien ne pouvait le rassembler. Cette musique est aussi un exutoire, une espérance, une raison de vivre ainsi qu'un puissant vecteur d'identité. Mais plus que cela. La musique noire est un instrument utilisé pour provoquer les changements sociaux. Car, plus la répression et l'injustice ont été fortes, plus le continuum oral africain-américain a développé ses méandres de non-verbalité - oralité, code, culture souterraine ou contre-culture, et ce jusqu'à nos jours... Depuis le début de l'implantation des Africains dans les colonies américaines, leur musique bien rythmée, bien chantée a caché une nature rebelle, contestataire, puissante... comme ce vieux chant[1] qui dit « Suis la gourde, suis la gourde, car le vieil homme t'attend pour te mener à la liberté, Suis la gourde... »

Notes.

Avant-propos *page 7*
Note 1 : Philip D. Curtin, *The Atlantic slave Trade A Census,* 1969.

Note 2 : les Africains du Nouveau Monde sont la plupart du temps des esclaves ; cependant d'autres peuvent avoir le statut de « serviteur sous contrat » ou *indentured servants*, d'autres encore sont des personnes libres, marins qui ont fait escale en Amérique par exemple. Cf. Anne Méténier *Liberté pour les Noirs !* pages 19-153. Dans le présent ouvrage, nous ferons essentiellement référence à la communauté esclave des futurs Etats-Unis.

Note 3 : Melville Herskovits, *The Myth of the Negro Past*, 1941, page 62.

Note 4 : certains esclaves, probablement peu nombreux, comprennent et/ou parlent l'anglais, par exemple ceux qui, en Afrique, étaient dans le commerce, ou traducteurs, ou navigateurs, …

Note 5 : cf. Anne Méténier, *Le Black American English*, pages 24-37.

Note 6 : ibid., pages 39 à 50.

Note 7 : ibid., page 53.

Note 8 : l'interpénétration linguistique et culturelle est inévitable dans un tel contexte. Ainsi la culture et la langue africaines ont également eu un impact - souvent décrié - sur la langue et la culture américaines.

Note 9 : dans le présent ouvrage, l'auteur utilise sans véritable distinction les mots *chanson*, *chant* et *musique*.

Note 10 : « voix noires, » « musique noire, » « culture noire » seront des expressions utilisées dans le présent ouvrage, signifiant - bien entendu - « les voix des Noirs », « la musique des Noirs », etc.

La musique, consolation dans la servitude *15*
Les chants de travail ou work songs *20*
Note 1 : Anne Méténier, *Le Black American English*, pages 92-93.

Note 2 : Geneva Smitherman, *Talking and Testifying*, page 78.

Note 3 : G.F. Lyon ; Mungo Park ; A.B. Ellis ; J.A. Grant,…

Note 4 : pour le problème du manque de documents, cf. *Le Back American English*, pages 190 / Certains planteurs tenaient des registres comme Fanny Kemble,…

Note 5 : l'un appel ou lance une phrase, les autres lui répondent.

Note 6 : Ben Sidran, *Black Talk*.

Note 7 : Dunbar, *In Old Plantation Days*. New York : Dodd, Mead, and Co., 1903, page 23.
Note 8 : cf. thèse de la carence verbale.
Note 9 : Leroy Jones, *Blues People*, page 26.
Note 10 : Anne Méténier, *Le Black American English*, pages 99-106.
Note 11 : Paul Oliver, *The Story of the Blues*, 1978, page 6.
Note 12 : *Way down south where I was born. / Workers : Roll the cotton down. / I worked in the cotton and the corn. /Oh, roll the cotton down. / When I was young and in my prime. / Roll the cotton down. / I'd thought I'd go and join the line. / Oh, roll the cotton down. / And for a sailor caught a shine. / Roll the cotton down. / I joined on the ship of the Black Ball Line. / Oh, roll the cotton down.*
Note 13 : *Jer-dan's mills a - grinding, Jer-dan's a - hay ; Built without nail or hammer. Runs without wind or water.* Allen, *Slaves songs*, page 68.

Les chants dans le repos 27
Note 1 : Lester, *To Be a Slave*, page III.
Note 2 : Rawick, ed., Texas Narr., IV (2), page 167.
Note 3 : ibid. page 233.
Note 4: Rawick, ed., S.C. Narr., III (4), page 105.
Note 5 : Scarborough, Dorothy and Gulledge, Ola Lee. *On the Trail of Negro Folk-Songs*. Chant *Ol' Virginny never tire,* page 109.
Note 6 : *Well oh bob-a needle/bob-a needle/And oh bob-a needle/bob-a needle is a-running/bob-a needle ain't a-running,...* Courlander, *Negro Folk Music*, page 159.

Le chant des esclaves d'Amérique dans un contexte religieux 30
Note 1 : Dena Epstein, *Sinful Tunes*, page 100.
Note 2 : Anne Méténier, *Liberté Pour Les Noirs !* pages 21-25.
Note 3 : Rawick, ed., *Texas Narr.*, V (4), page 172.
Note 4 : Anne Méténier, *Liberté Pour Les Noirs !* pages 38-48.
Note 5: *Then should my soul with angels feast on joys that always last. Blest be my God, the God of joy who gives me here a taste.*
Note 6 : W.E.B. DuBois, *The Souls of Black Folk*.
Note 7 : P.L. Dunbar, pages 23-27.
Note 8 : Heilbut, Tony, *The Gospel Sound : Good News and Bad Times*. New York : Simon and Schuster, 1971, page 15.
Note 9 : Méténier, Anne. *Le Black American English*, pages 55-59.
Note 10 : W. M. Wightmann. *The Life of William Capers, D.D., One of the bishops of the Methodist Episcopal Church, South*. Southern Methodist Publishing House, 1859, pages 53-54.

Note 11 : Les chants de travail leur sont antérieurs, apparaissant probablement dès le début de l'esclavage aux Etats-Unis alors que les chants sacrés interviennent plus tard puisque nous savons que les esclaves sont mis tardivement au contact de la chrétienté.

Note 12 : le *call-and-response* a déjà été évoqué dans le contexte profane avec les chants de travail, cf. « work songs » page 23.

Note 13 : Anne Méténier, *Le Black American English*, page 120.

Note 14 : Hallowell, Emily. *Calhoun Plantation Songs*, page 48.

Note 15 : Deutéronome 32, 47.

Note 16 : Evangile selon saint Marc 1, 9.

La musique, résistance dans la servitude *45*

Note 1 : Anne Méténier, *Liberté pour les Noirs !* pages 188-205.

Note 2 : en référence à la chanson *Strange Fruit* dont nous parlerons ultérieurement.

Note 3 : C.C. Jones, *Religious Instruction of the Negroe*, page 110. *They [the Negroes] are one thing before the Whites, and another before they own color. Deception toward the former is characteristic of them, whether bond or free, throughout the whole United States. It is habit - a long established custom which descends from generation to generation.*

Note 4 : Méténier, Anne. *Le Black American English*, pages 111-115.

Note 5 : ibid., pages 99-106.

Le chant des esclaves d'Amérique dans un contexte profane *51*

Note 1 : Karlton E. Hester, *From Africa to Afrocentric Innovations Some Call « Jazz,* » Hesteria Records and Publishing Company, 2000.

Note 2 : John F. Carrington, *The Talking Drums of Africa* or *The Drum Language of Lokele Tribe*, Carey Kingsgate Press, 1949.

Note 3 : *The low beating of the tom-toms / The slow beating of the tom-toms, / Low ... slow / Slow... low / Stirs your blod. Dance !*

Note 4 : H. Aptheker, *American Negro Slave Revolts*. 1969, page 62.

Note 5: McKissack, *Rebels* pages 4-5.

Note 6 : Dena Epstein, *Sinful tunes*, page 49.

Note 7: cf. Musique consolation/chant profane/chants dans le repos.

Note 8 : cf. Musique consolation/ musique profane/chant de travail.

Note 9 : Geneva Smitherman, *Talkin And Testifyin*, page 47 « *you mought be Carroll from Carrollton / Arrive here night afo'Lawd made*

creation/But you can't keep the world from moverin' around / And not turn her back from the gaining ground. »
  Note 10 : E. D. Genovese, *Roll Jordan*, page 236, note 15.
  Note 11 : cf. Anne Méténier, *Liberté pour les Noirs !* pages 281-282.
  Note 12 : ibid. page 190.
  Note 13 : *Life and Times of Frederick Douglass*, pages 146-147.
  Note 14 : Clarence Major, *Juba to Jive,* page 263.
  Note 15 : Beverly J. Robinson, "Africanisms and the Study of Folklore," *Africanisms in American Culture*, ed. Joseph E. Holloway, pages 214-216.
  Note 16 : Dena Epstein, *Sinful Tunes and Spirituals*, page 72.
  Note 17 : H. Wiley. Hitchcock, *Music in the United States: A Historical Introduction.* 1969, page 120.
  Note 18 : Clarence, Major, *Juba To Jive*, pages 77-78.
  Note 19 : John Hammond Moore, "A Hymn of Freedom—South Carolina, 1813," *The Journal of Negro History* 50, no. 1 (January 1965) pages 50-53.
  Note 20 : L. Saxon, *Gumbo Ya-Ya,* page 447.

Le chant des esclaves d'Amérique dans un contexte religieux *58*
  Note 1: Hester Karlton, Ch. 3, page 6.
  Note 2 : James H. Cone, *The Spirituals and The Blues*, page 39.
  Note 3 : émission de radio *France Culture* intitulée « Les Hommes aux Semelles de Vents, » Aude-Emilie Judaïque, juillet 2013.
  Note 4 : Gayraud Wilmore, *Black Religion and Black Radicalism*, 3rd ed. Maryknoll, NY: Orbis Books, 1998, page 73.
  Note 5 : déjà mentionné page 46.
  Note 6 : Anne Méténier, *Liberté pour les Noirs !* pages 288-292.
  Note 7 : ibid. pages 228-233.
  Note 8 : ibid. pages 283-284.
  Note 9: ibid. page 282.

La musique, distraction dans la ségrégation *65*
  Note 1: *40 acres and a mule.*
  Note 2 : *separate but equal.* Procès Plessy contre Fergusson, 1896. Cf. Anne Méténier, *Ségrégation aux Etats-Unis, Six Portrait de Stars*, pages 20-21.
  Note 3 : nous reviendrons sur ce point dans le cadre du « jazz primitif, » *early jazz.*

La musique profane *71*
Le blues *71*

Note 1: Il est difficile de classer précisément des styles musicaux, ainsi que de donner des définitions à des genres comme le blues, le jazz,... Certains styles ne sont pas toujours très distincts ; jazz et blues se confondent parfois.

Evolution du blues originel en diverses formes du blues *75*

Le country blues *76*
Note 1: cf. distraction pendant l'esclavage, chant dans le repos.

Le cirque noir et le classic blues *81*
Note 1: Lynn Abbott, *Ragged but Right,* 2009, pages 11-80.
Note 2 : Supplément du 29 août 1907.
Note 3 : l'expression américaine *classic blues* se traduit « blues classique » mais aussi « blues commercial. »
Note 4 : cf. Jazz années 1920, revendicatif.

Le blues urbain ou city blues *89*
Note 1 : cf. Distraction dans la ségrégation ; Musique profane ; Evolution du blues originel.
Note 2 : cf. Distraction dans l'esclavage ; Les chants de travail.

Le rhythm and blues *98*
Note 1 : cf. Musique distraction dans la ségrégation ; Musique profane ; Le Black Circus.

Le ragtime et le boogie woogie *102*
Note 1: cf. Refus de la servitude ; musique profane.
Note 2: Jasen, David et Gene Jones. *That American Rag: The Story of Ragtime from Coast to Coast.*
Note 3 : Dillard, *Black English,* pages 71-73 ; cf George Washington Cable, *The Dance in Place Congo,* page 354.
Note 4 : Dalby « The African Element in American English. » In *Rappin' and Stylin' Out.* 1972, pages 170-186.

Le jazz, le swing et le bebop *108*

Le jazz primitif ou jazz primaire/originel *108*
Note 1: L. Dorsey « And All That Jazz » has African roots ! Dans J.L. Conyers, Jr (Ed.).
Note 2 : cf. Ragtime.
Note 3 : Lynn Abbott, *Out of Sight,* page 58.

Les années 1920: l'Ere du jazz *114*
Note 1 : Dans leurs titres, les morceaux de jazz revendiquent souvent leur lien avec les racines blues.
Note 2 : cf. Distraction dans la ségrégation ; Jazz, Swing, Bebop ; Buddy Bolden.
Note 3: cf. Ragtime et boogie.

Le jazz et le swing des années 1930 *120*
Note 1 : cf. Ragtime.
Jazz, bebop et jazz vocal des années 1940 *124*
Note 1 : S. W. Finkelstein, *Jazz, A People's music,* page 206.
La musique sacrée *130*
Le negro spiritual *130*
Note 1: cf. Consolation ; Contexte religieux ; et Refus de la servitude ; Musique sacrée.
Note 2 : cf. Musique distraction pendant l'esclavage ; musique sacrée.
Note 3 : *Lift Every Voice And Sing*, Vaughn A. Booker.
Le gospel *133*
Note 1 : cf. Jazz - distraction.
Musique, résistance dans la ségrégation *141*
Note 1 : cf. Musique distraction / introduction.
Note 2: Anne Méténier *Liberté pour les Noirs !*
Note 3: Anne Méténier *Black American English* , pages 99-106.
Note 4: Anne Méténier, *Le Black American English*.
La musique profane *146*
Le blues *146*
Note 1: cf. Le blues urbain ou city blues.
Note 2: cf. Esclavage, musique de résistance.
Note 3 : Anne Méténier *Black American English*, pages 141-150.
Note 4 : ibid., pages 111-114.
Note 5: Dillard *Black English* pages 66-67.
Note 6 : Anne Méténier, *Black American English*.
Note 7 : cf. Le blues urbain.
Urban blues et rhythm and blues *153*
Note 1 : *race record*, cf. Cirque Noir et Classic Blues.
Jazz et bebop *155*
Les années 1920 *155*
Note 1: déjà évoqué.
Note 2 : «White people can't win when it comes to jazz ... because black people created this.» dans C. Gerard, 1998, page 18.
Note 3 : cf. l'Ere du Jazz.
Note 4 : à l'inverse, *Marcus Garvey* prône la scission c'est-à-dire le retour en Afrique, persuadé que les Noirs ne seront jamais considérés comme les égaux des Blancs aux USA. Mais ce courant est généralement rejeté par la classe moyenne. Cf. Jazz-revendicatif.

Note 5: *National Association for the Advancement of Colored People.*
Note 6 : cf. Jazz années 50-60.

Les années 1930 *164*
Note 1 : cf. Le Jazz et le Swing des années 1930.
Note 2 : Mark Tucker, "Uneasiness as Popular Tastes Shift," *New York Times,* January 17, 1999, section 2, page 32.
Note 3 : *I'm not playing jazz. I'm trying to play the natural feelings of a people. New York Evening Graphic Magazine,* 1930.
Note 4 : article de 1931 du magasine britannique *Rhythm* : « the music of my race is (…) the result of our transplantation to American soil, and was our reaction in plantation days to the tyrany we endure. What we could not say openly, we expressed in music, and what we know as 'jazz' is something more than just dance music. »

Les années 1940 *167*
Note 1: Scott DeVeaux, *The Birth of Bebop,* Berkeley, 1997, page 242.
Note 2 : ibid., pages 239-40.
Note 3 : cf. Swing des années 30-40.
Note 4 : la chanson *Strange Fruit* est écrite par *Abel Meeropol* et chantée par *Josh White* ; rendue célèbre par Billie Holiday.
Note 5 : Duke Ellington, *Music is my Mistress,* 1973.
Note 6 : cf. Jazz années 1930.
Note 7 : à la fin de la 2ème guerre mondiale, entre 1945 et 1955, un conflit s'établit entre la démocratie américaine et le communisme soviétique pour des raisons de contrôle politique car les USA se sentent menacés par l'idéologie communiste du bloque russe.

Bebop des années 1940-1945 *173*
Note 1 : Hester, Chap. 9, page 4.
Note 2 : ibid., Chap. 8, page 11.
Note 3 : dans ce cas, les Noirs américains donne à l'adjectif *cool* un autre sens que celui du mot anglais « cool » qui se traduit par l'adjectif « frais.» Pour eux, l'adjectif *cool* a le sens du mot africain 'suma' qui désigne une musique au tempo lent ; *cool* veut alors dire « décontracté, calme. » Cf. Anne Méténier *Black American English,* page 66.
Note 4 : G. Smitherman, 1977, page 49.
Note 5 : cf. Musique de résistance ; musique profane ; blues.

Le jazz des années 1950 *176*
Note 1 : *Civil Rights Movement.*
Note 2 : Mario Dunkel, *Aesthetics of Resistance,* page 6.
Note 3 : Kofsky, 1970, page 140.

Note 4 : Anne Méténier, *Six Portraits de Stars*, pages 51-74.
Le jazz des années 1960 *180*
Note 1 : *Southern Christian Leadership Conference*. Sur Martin Luther King et son combat pacifique, cf. Anne Méténier *Six Portraits de Stars*, pages 103-140.

Note 2 : *Down Beat*, 22 octobre 1964, page 35.

Note 3 : Art Seidenbaum, « Monterey Jazz Festival Swings - from Teagarden to Miles Davis, » *Los Angeles Times*, 22 septembre 1963 ; Gillespie Presidential Campaign Gathers California Momentum ; *Down Beat*, 7 novembre 1963, page 11.

Note 4 : interview de Frank Kofsky, 1966.

Note 5 : *The Times*, 2000 - I started out being a sexy young thing in a Marilyn Monroe dress, And Max Roach freed me from that.*

Note 6 : interview exclusive de madame Abbey Lincoln accordée au journal *L'Express* en juin 2007.

Note 7 : *We all paid a price, but it was important to say something. It still is.*

Note 8 : interview exclusive de madame Abbey Lincoln accordée au journal *L'Express* en juin 2007.

Note 9 : *The Black Panther Party*.

Note 10 : Anne Méténier, *Ségrégation raciale aux Etats-Unis*.

Chansons activistes à partir des années 1950 *187*
Note 1 : Anne Méténier, *Liberté pour les Noirs !* pages 188-207.

Note 2 : Anne Méténier, *Ségrégation raciale aux Etats-Unis*, pages 141-172 « Portrait de Nina Simone.»

Note 3 : cf. Distraction dans la ségrégation ; Musique profane ; le blues.

Note 4 : cf. Musique, distraction dans la ségrégation.

Note 5 : Clarence Lusane, "Rhapsodic Aspirations: Rap, Race and Power Politics." *The Black Scholar*, vol. 23 (2), page 39.

La musique sacrée *199*
Note 1 : cf. Musique, distraction dans la ségrégation. Musique sacrée.

Note 2 : *Chicago Movement for Freedom*, 1965-1967.

Note 3 : *Let Nobody Turn Us Around : Voices of Resistance, Reform and Renewal* ; an African American Anthology. Oxford : Rowan and Littlefield Publishers, Inc., 1999.

Note 4 : Guy and Candie Carawan. *Sing for Freedom*, 1990, page 60.

Note 5 : chanté par le comité d'étudiants non-violents / the Student Nonviolent Coordinating Committee Freedom Singers, vocal; Smithsonian/ Folkways, Sing for Freedom (SF 40032).

Note 6 : Hester, Chap. 8, page 26.
Post-face *207*
Note 1: cf. Musique, résistance dans la servitude.

Bibliographie

Abbott, Lynn et Seroff, Dough. *Out of Sight : The Rise of African American Popular Music, 1889-1895*, University Press of Mississippi, 2009.

Abbott, Lynn et Seroff, Dough. *Ragged but Right : Black Traveling Shows, « Coon Songs, » and the Dark Pathway to Blues and Jazz.* University Press of Mississippi, 2009.

Allen, Richard. *A Collection of Hymns and Spiritual Songs From Various Authors*, John Ormrod, Philadelphia, 1801.

Allen, Ware et Garrison. *Slaves Songs of the United States,* New York, A. Simpson & Co, 1867.

Aptheker, Herbert. *American Negro Slave Revolts.* New York: International Publishers, 1969.

Berlin, ed. *Ragtime : A Musical and Cultural History,* Berkeley and Los Angeles : University of California Press, 1980.

Berlin, ed. *Reflections and Research on Ragtime,* New York : Institute for Studies in American Music, Brooklyn College, 1987.

Bivins, Jason C. *Spirits Rejoice ! Jazz and American Religion,* Oxford University Press, 2015.

Blesh, Rudi et Janis, Harriet, *They all Played Ragtime : The True Story of An American Music,* New York : Oak Publications, 1966.

Booker, Vaughn A. *Lift Every Voice and Swing : Black Musicians And Religious Culture in the Jazz Century,* New York University Press, 2020.

Cable, George W. *The Dance in Place Congo & Creole Slave Songs,* Faruk von Turk, 1976.

Calloway, Cab. *Hepster's Dictionary,* 1938.

Carawan, Guy et Carawan Candie. *We Shall Overcome! : Songs of the southern Freedom Movement.* New York : Oak, 1963.

Carawan, Guy et Carawan Candie. *Freedom Is A Constant Struggle : Songs Of The Freedom Movement.* New York : Oak, 1968.

Carawan, Guy et Carawan Candie. *Sing for Freedom*, Bethlehem, PA: Sing Out Corporation, 1990.

Carrington, John F. *The Talking Drums of Africa or Drum Language of Lokele Tribe*, Carey Kingsgate Press, 1949.

Charters, Samuel B. *The Country Blues*, New York, Rhinehart, 1959.

Colorado Republican, August 29, 1907.

Cone, James H. *The Spirituals and the Blues : An Interpretation,* New York : Seabury Press, 1972.

Conyers, James L. Jr (ed.), *African American Jazz and Rap : Social and Philosophical Examinations of Black Expresssive Behavior,* Jefferson, N.C. : McFarland, 2001.

Courlander, Harold. *Negro Folk Music, U.S.A.,* New York, Columbia University Press, 1963.

Crouch, Stanley. *Considering Genius, Writings on Jazz,* Civitas Books, 2009.

Crouch, Stanley. *Kansas City Lightning. The Rise and Times of Charlie Parker*, Harper, 2013.

Cuney-Hare, Maud. *Negro Musicians and Their Music, (African-American Women Writers, 1910-1940),* G.K. Hall, 1996.

Curtin, Philip D. *The Atlantic Slave Trade A Census,* Madison, Milwaukee, London, the University of Wisconsin Press, 1969.

Dalby, David. « The African Element in American English », in Thomas Kochman ed., *Rappin' and Stylin' out : Communication in Urban Black America,* Urbana, Univ. of Illinois Press, 1972.

Dance, Stanley. *The World of Swing,* New York, C. Scribner's Sons, 1974.

Davis, Angela Y. *Blues Legacies and Black Feminism,* New York : Pantheon Books, 1998.

Davis, Francis. *The History Of The Blues, The Roots, The Music, The People,* Hachette Books, United States, 2003.

Dett, Nathaniel. *Religious Folk Songs of the Negro,* Hampton, VA : Hampton Institute Press, 1927.

DeVeaux, Scott. *The Birth of Bebop*, Berkeley, CA: University of California Press, 1997.

Dillard, Joey L. *Lexicon of Black English,* The Seabury Press, 1977.

Dixon, Christa. *Negro Spirituals.* Wuppertal : Jugenddienst-Verlag, 1967.

Doerflinger, William M. *Shanty Men and Shanty Boys*, New York, Macmillan, 1951.

Down Beat, 7 nov 1963, 11, Gillespie Presidential Campaign Gathers California Momentum.

Down Beat, 22 oct 1964, 35.

Du Bois W.E.B. *The Souls of Black Folks,* Chicago : A.C. McClurg & Co., 1903.

Dunbar, Paul L. *In Old Plantation Days*, New York : Dodd, Mead, and Co., 1903.

Dunkel, Mario. *Aesthetics of Resistance : Charles Mingus and the Civil Rights Movement,* Lit Verlag, 2012.

Dunson, Josh. *Freedom in the Air : Song Movements of the Sixties,* New York : Da Capo, 1981.

Ellington, Duke. *Music Is My Mistress*, Ed. Da Capo Press, 1976.

Ellis, Alfred B. *The Tshi-Speaking Peoples Of The Gold Coast of West Africa,* 1887.

Ellison, Mary. *Lyrical Protest: Black Music's Struggle Against Discrimination*, New York: Praeger Publishers, 1989.

Epstein, Dena. *Slave Music in the United States before 1860 : A Survey of Sources,* Published by Music Library Association, 1963.

Epstein, Dena. *Sinful Tunes and Spirituals*, Urbana: University of Illinois Press, 1977.

Feldstein, Ruth. *How it Feels to Be Free : Black Women Entertainers and Civil Rights Movement,* Oxford University Press, 2014.

Finkelstein, Sidney W. *Jazz : A People's Music,* New York, Citadel, 1948.

Gayraud, Wilmore. *Black Religion and Black Radicalism,* Maryknoll, New York : Orbis Books, 1998.

Genovese, Eugene D., *Roll Jordan Roll, The World The Slaves Made*, Vintage Books, 1972.

Gerard, Charley. *Jazz in Black and White : Race, Culture, and Identity in the Jazz Community*, Westport, CT : Praeger, 1998.

Gioia, Ted. *The History of Jazz,* Oxford University Press, 1997.

Grant, James A. *A Walk Across Africa,* Edinburgh, Blackwood, 1864.

Gridley, Marc C. *Jazz Styles,* Prentice-Hall, 1978.

Hallowell, Emily. *Calhoun Plantation Songs*, Boston Massachusetts : C.W. Thompson and Co., 1901.

Hammond Moore, John. "A Hymn of Freedom—South Carolina, 1813," *The Journal of Negro History* 50, no. 1 (January 1965.)

Hampton, Henry et Fayer, Steve. *Voices of Freedom : An Oral History of the Civil Rights Movement from the 1950s through the 1980's,* New York : Bantam, 1990.

Handy, William C., ed. *Blues : An Anthology*, A. & C. Boni, New York, 1926.

Hardie, Daniel. *Exploring Early Jazz : The Origins and Evolution of the New Orleans Style,* iUniverse, 2002.

Hasse, John E., *Ragtime, Its History, Composers and Music*, Ed. J.E. Hasse, Mac Millan Press, London, 1985.

Hasse, John E., *Beyond Category. The Life And Genius Of Duke Ellington*, Omnibus Press, 1995.

Heilbut, Tony. *The Gospel Sound : Good News and Bad Times,* New York : Simon and Schuster, 1971.

Hentoff, Nat et McCarthy, Albert. *Jazz is,* Virgin Books, 1978.

Herskovits, Melville. *The Myth of the Negro Past*, Harper and Brothers, 1941.

Hester, Karlton E. *From Africa to Afrocentric Innovations Some Call « Jazz, »* Hesteria Records and Publishing Company, 2000.

Hugill, Stan. *Shanties from the Seven Seas*, Mystic Seaport Museum Stores Inc., U.S., 1994.

Ingalls, Jeremy. *The Christian Harmony,* Exeter, New Hampshire, 1805.

Jasen, David A. et Tichenor, Trebor J. *Rags and Ragtime: A Musical History*, New York: The Seabury Press, 1978.

Jasen, David A., et Jones, Gene. *That American Rag : The Story of Ragtime from Coast to Coast*, New York : Schirmer, 2000.

Jones, Charles C. *The Religious Instruction of the Negroes in the United States,* Savannah : Thomas Purse publisher, 1842.

Jones, LeRoi. *Blues People: Negro Music in White America,* New York : William Morrow, 1963.

Jones, LeRoi. *Black Music*, New York: William Morrow, 1967.

Kofsky, Frank. *Black Nationalism & the Revolution in Music,* New York : Pathfinder Press, 1970.

Korall, Burt. « The Music of Protest, » *Saturday Review,* 16 novembre 1968.

Krehbiel, Henry E. *Afro-American Folksongs,* G. Schirmer, London, 1914.

Leanza, Frank. *The Blues, Then and Now : History of the Blues*, Crystal Publishers, 2004.

Leanza, Frank. *Jazz - Then and Now. The History of Jazz,* The Educational Publisher, 2010.

Lester, Julius, *To Be A Slave*, The Dial Press, New York, 1968.

L'Express, juin 2007.

Locke, Alain. *The New Negro : An Interpretation,* New York : A. C. Boni, 1925.

Lovell, John. *Black Song : The Forge and the Flame,* New York : Macmillan, 1972.

Lusane, Clarence. *Rhapsodic Aspirations : Rap, Race and Power Politics*, Black World Foundation, 1993.

Lyon, George F. *A Narrative of Travels in Northern Africa, 1818-1820,* London, Murray, 1821.

Major, Clarence. *Juba to Jive, A Dictionary of African-American Slang,* Penguin Books, 1970.

Means, Richard L. et Doleman, Bertha. « Notes on Negro Jazz : 1920-1950. The Use of Biographical Materials in Sociology, » *Sociological Quarterly*, 1968.

Meier, August et Bracey, John H., Jr., « The NAACP as a Reform Movement, 1909-1965. » *Journal of Southern History* 59, n°1 (Feb 1993).

Méténier, Anne. *Le Black American English. Etude lexicologique et sémantique,* L'Harmattan, 1998.

Méténier, Anne. *Liberté pour les Noirs ! La résistance des Africans-Américains à la ségrégation et à l'esclavage (1619-1865),* L'Harmattan, 2013.

Méténier, Anne. *Ségrégation raciale aux Etats-Unis. Six Portrait de Stars*, L'Harmattan, 2017.

Mitchell, Henry. *Black Preaching,* Philadelphia : J.B. Lippincott, 1970.

New York Evening Graphic Magazine, 1930.

Odum, Howard W. et Johnson, Guy B. *Negro Workaday Songs,* Chapell Hill, University of North Carolina Press, 1926.

Oliver, Paul. *Blues Fell This Morning,* Cassell ed., 1960.

Oliver, Paul. *The Story of the Blues,* Penguin, 1978.

Park, Mungo. *Travels in the Interior Districts of Africa,* 4ème édition, London, 1800.

Parker, Charles. *Bird, The Legend of Charlie Parker,* Da Capo Press, 1977.

Peretti, Burton W. *The Creation Of Jazz : Music, Race, and Culture in Urban America,* Urbana : University of Illinois Press, 1992.

Porter, Eric. *What Is This Thing Called Jazz ?* Berkeley : University of California Press, 2002.

Putschogl, Gerhard. « Black Music - Key Force in Afro-American Culture : Archie Shepp on Oral Tradition and Black Culture. » In *History and Tradition in Afro-American Culture,* ed. Gunter H. Lenz, Frankfurt : Campus Verlag, 1984.

Ramsey, F. et Smith C., eds, *Jazzmen,* New York, Hartcourt, Brace, 1939.

Rawick, George P. ed. *The American Slave : A Composite Autobiography, Texas Narratives,* IV (2), *Texas Narratives,* V (4), *South Carolina Narratives,* III (4), Greenwood, 1979.

Rhythm Magazine, 1931.

Roberts, John « Storm. » *Black Music of Two Worlds,* New York : Praeger Publishers, 1972.

Robinson, Beverly J. "Africanisms and the Study of Folklore," *Africanisms in American Culture,* ed. Joseph E. Holloway, Bloomington : University of Indiana Press, 1990.

Rodgers, Joel A. « Jazz at Home, » *The New Negro,* ed. Alain Locke. New York : A. C. Boni, 1925.

Rowan et Littlefield Publishers, *Let Nobody Turn Us Around : Voices of Resistance, Reform and Renewal* ; *An African American Anthology*, Oxford : Rowan and Littlefield Publishers, Inc., 1999.

Saxon, Lyle ; Tallant, Robert ; Dreyer, Edward. *Gumbo Ya-Ya, Folk Tales of Louisiana,* Pelican Publishing, 1987.

Scarborough, Dorothy et Gulledge, Ola L. *On the Trail of Negro Folk-Songs,* Harvard University Press, 1925.

Saul, Scott. *Freedon Is, Freedom Ain't : Jazz and the Making of the Sixties,* Harvard University Press, 2003.

Seidenbaum, Art. « Monterey Jazz Festival Swings - from Teagarden to Miles Davis, » *Los Angeles Times*, 22 September 1963.

Sidran, Ben. *Black Talk*, Da Capo Press, 1971.

Smith, Joseph H. « Folk-Songs of the American Negro, » *The Sewanee Review*, Vol. 32, N°2, April 1924.

Smitherman, Geneva. « The Power of the Rap : The Black Idiom and the New Black Poetry, » *Twentieth century Literature,* October 1973.

Smitherman, Geneva. *Talkin And Testifyin. The Language of Black America,* Wayne State University Press, 1986.

Taylor, Arthur. *Notes and Tones: Musician-to-Musician Interviews*, New York: Da Capo, 1993.

The Journal of Negro History 50, n°1 (January 1965.)

The Times, 2000.

Tucker, Mark. "Uneasiness as Popular Tastes Shift," *New York Times,* January 17, 1999.

Vincent, Ted. *Keep Cool : The Black Activists Who Built The Jazz Age,* Pluto Press, 1995.

Wall Street Journal, 2007.

White, Adam et Ales, Barney. *Motown : The Sound of Young America,* Thames & Hudson Ltd, 2016.

White, Newman, I. *American Negro Folk-Songs,* Harvard University Press, 1928.

Wightmann, William M. *The Life of William Capers, D.D., One of the bishops of the Methodist Episcopal Church, South,* Southern Methodist Publishing House, 1859.

Williamson, Nigel. *The Rough Guide To The Blues*, World Music Network (UK) Ltd, 2007.

Work, John W. *American Negro Songs and Spirituals*, New York : Bonanza, 1940.

Table des matières

Avant-propos 7

LA MUSIQUE, CONSOLATION DANS LA SERVITUDE 15
   Le chant des esclaves d'Amérique dans un contexte profane 17
   Les chants de travail ou work songs. 20
   Les chants dans le repos. 27
   Le chant des esclaves d'Amérique dans un contexte religieux. 30

LA MUSIQUE, RESISTANCE DANS LA SERVITUDE 45
   La culture noire américaine. 47
   La musique noire américaine. 49
   Le chant des esclaves d'Amérique dans un contexte profane. 51
   Le chant des esclaves d'Amérique dans un contexte religieux. 58

LA MUSIQUE, DISTRACTION DANS LA SEGREGATION 65
   La musique profane. 71
   Le blues. 71
   Evolution du blues originel en diverses formes de blues. 75
   Le country blues. 76
   Le cirque noir et le classic blues. 81
   Le blues urbain ou city blues. 89
   Le rhythm and blues. 98
   Le ragtime et le boogie woogie. 102

Le Jazz, le swing et le bebop. 108
Le jazz primitif ou jazz primaire / originel. 108
Les années 1920 : l'Ere du jazz. 114
Le jazz et le swing des années 1930. 120
Jazz, bebop et jazz vocal des années 1940. 124
La musique sacrée. 130
Le negro spiritual 130
Le gospel 133

LA MUSIQUE, RESISTANCE DANS LA SEGREGATION 141
La musique profane. 146
Le blues. 146
Classic blues et ragtime. 151
Urban blues et rhythm-and-blues. 153
Jazz et bebop 155
Les années 1920 155
Les années 1930 164
Les années 1940 167
Bebop des années 1940 – 1945 173
Le jazz des années 1950 176
Le jazz des années 1960 180
Chansons activistes à partir des années 1950. 187
La musique sacrée. 199

Post-face. 207
Notes 209
Bibliographie 219

Structures éditoriales
du groupe L'Harmattan

L'Harmattan Italie
Via degli Artisti, 15
10124 Torino
harmattan.italia@gmail.com

L'Harmattan Hongrie
Kossuth l. u. 14-16.
1053 Budapest
harmattan@harmattan.hu

L'Harmattan Sénégal
10 VDN en face Mermoz
BP 45034 Dakar-Fann
senharmattan@gmail.com

L'Harmattan Cameroun
TSINGA/FECAFOOT
BP 11486 Yaoundé
inkoukam@gmail.com

L'Harmattan Burkina Faso
Achille Somé – tengnule@hotmail.fr

L'Harmattan Guinée
Almamya, rue KA 028 OKB Agency
BP 3470 Conakry
harmattanguinee@yahoo.fr

L'Harmattan RDC
185, avenue Nyangwe
Commune de Lingwala – Kinshasa
matangilamusadila@yahoo.fr

L'Harmattan Congo
219, avenue Nelson Mandela
BP 2874 Brazzaville
harmattan.congo@yahoo.fr

L'Harmattan Mali
ACI 2000 - Immeuble Mgr Jean Marie Cisse
Bureau 10
BP 145 Bamako-Mali
mali@harmattan.fr

L'Harmattan Togo
Djidjole – Lomé
Maison Amela
face EPP BATOME
ddamela@aol.com

L'Harmattan Côte d'Ivoire
Résidence Karl – Cité des Arts
Abidjan-Cocody
03 BP 1588 Abidjan
espace_harmattan.ci@hotmail.fr

Nos librairies
en France

Librairie internationale
16, rue des Écoles
75005 Paris
librairie.internationale@harmattan.fr
01 40 46 79 11
www.librairieharmattan.com

Librairie des savoirs
21, rue des Écoles
75005 Paris
librairie.sh@harmattan.fr
01 46 34 13 71
www.librairieharmattansh.com

Librairie Le Lucernaire
53, rue Notre-Dame-des-Champs
75006 Paris
librairie@lucernaire.fr
01 42 22 67 13